Peter Klasvogt / Kurt Koch (Hg.)

Priester – Visionär und Realist

Peter Klasvogt / Kurt Koch (Hg.)

Priester – Visionär und Realist

Zur prophetischen Dimension des geistlichen Amtes

BONIFATIUS

Imprimatur. Paderbornae, d. 24. m. Januaris 2001
Nr. A 58-21.00.2/600. Vicarius Generalis i. V. Dr. Schmitz

Die Deutsche Bibliothek – CIP-Einheitsaufnahme

Priester – Visionär und Realist : zur prophetischen Dimension des geistlichen Amtes / Peter Klasvogt/Kurt Koch (Hg.). – Paderborn : Bonifatius, 2001
(Bonifatius Kontur ; Bd. 1580)
ISBN 3-89710-158-0

Umschlagmotiv:
Markus Raetz, Das bessere Sehen, 1989;
Holzskulptur, mit Gips überarbeitet;
Sockel: Kartonrohr und Schichtholz;
Museum für Moderne Kunst,
Frankfurt am Main, Inv. Nr. 1993/126
(Foto: Axel Schneider, Frankfurt am Main);
© VG Bild-Kunst, Bonn 2000

Umschlaggrafik:
Claudia Goldstein, Dortmund

ISBN 3-89710-158-0

Gesamtherstellung:
Bonifatius GmbH Druck · Buch · Verlag Paderborn

Inhalt

Erzbischof

Dr. Johannes Joachim Kardinal Degenhardt

zum 75. Geburtstag

Vorwort

„Wächter, wie lange noch dauert die Nacht?"
(Jes 21,11)

Der Priester im Bild des Nachtwächters? Es hat gerade noch gefehlt, die derzeitige Diskussion zum geistlichen Amt um ein weiteres Klischee zu bereichern. Man tut einem ganzen Berufsstand unrecht, wenn der Nachtwächter vulgär vorschnell mit einer „Schlafmütze" identifiziert wird: mit dem, der immer zu spät kommt und als letzter mitbekommt, was wirklich läuft. Doch das Gegenteil ist richtig! Wenn alle anderen sich vergnügen oder schlafen, ist er es, der wach bleibt und von Berufs wegen Ausschau hält, in herausgehobener Stellung zwar, aber oft auf einsamem Posten.

„Wächter, wie lange noch dauert die Nacht?" Jesaja, der Prophet, der sich mit der Ungeduld seiner Zeitgenossen konfrontiert sieht, muß die Hoffnung dämpfen, als sei die babylonische Fremdherrschaft schon kurz vor dem Zusammenbruch. Der Seher muß ansagen, was er sieht, nicht was er erhofft. Er muß warten, bis sich zeigt, was er sieht. Wunschdenken ist hier fehl am Platz, eher schon Gefühl für die Wirklichkeit, Nüchternheit und sehr viel Geduld. Der Wächter in der Nacht ist vertraut mit dem Dunkel. Er sieht tiefer und erkennt in der Mitte der Nacht bereits den Anbruch des neuen Tages.

Die Beiträge des vorliegenden Buches handeln von der prophetischen Dimension des geistlichen Amtes, von der Berufung und Beauftragung des Priesters, tiefer zu sehen, genauer hinzuschauen, bewußter wahrzunehmen. Dazu bedarf es eines hohen Maßes an geistlicher Sensibilität, um bei manchem Gegenwind das Wehen des Geistes auszumachen und unter den vielen Stimmen jene zu vernehmen, mit der Gott den Menschen immer wieder und immer wieder neu anspricht. Gerade in Umbruchzeiten ist es schwer, in manchem Durcheinander und Undurchsichtigen auszuloten, woher uns Orientierung und Richtung kommt. Der Priester braucht also eine gehörige Portion Nüchternheit und Realismus, um nicht Gespenster zu sehen und Irrlichtern aufzusitzen.

Wenn es ums Ganze geht, wenn alles auf dem Spiel steht und wenn alles zu Ende geht – dann wird vielleicht am deutlichsten, wofür der Priester auch in der Welt von heute steht: daß er Gott zur Sprache bringt und daß er Worte hat, die nicht leer und kraftlos sind, leicht dahin gesagt und morgen schon vergessen. Mit beiden Beinen auf der Erde fest verwurzelt, soll er in seiner Person auf die Wirklichkeit hinter der Wirklichkeit, auf den Himmel, verweisen.

Die Gestalt des Priesters im Bild des Wächters. Wer in das Dunkel der Zeit schaut, darf sich nicht fürchten und braucht es auch nicht, denn seit dem Ereignis der Heiligen Nacht im Stall zu Bethlehem ist jeder anderen Nacht bereits ihr Stachel genommen. Das ist der feste Boden, auf dem wir stehen, die Gewißheit, die aus dem Glauben kommt. Seit Gott selbst in die Nacht der Menschheit hinabgestiegen ist, ist nichts so dunkel, daß Gott sich darin nicht auch finden ließe. Auch in der Nacht des Todes, des Zweifels, der Angst gilt es Zeugnis zu geben von jenem Licht, das jede Nacht bereits von innen erhellt.

„Vielleicht müssen wir erst noch durch die Tiefe der Nacht hindurch. Aber seit dem Karsamstag gibt es keine Nacht, die nicht auch dem Morgenlicht entgegenharren darf.“[1] Will der Priester die Wirklichkeit verstehen und deuten, muß er jene Perspektive einnehmen, die sich dem Glaubenden im Licht des Ostermorgens offenbart: „Surrexit Dominus Vere“ – „Der Herr ist wahrhaft auferstanden“ (Lk 24,34). Das sind die Worte, mit denen die Apostel die Emmaus-Jünger empfangen, jene also, die aus der Nacht kommen und doch erzählen können, wie sie den Auferstandenen beim Brotbrechen erkannten, als er mit ihnen unterwegs war. Mit den *Osteraugen* (Klaus Hemmerle) erhält die Nacht der Passion und des Todes eine Tiefendimension, die dem gewöhnlichen Sehen verborgen bleibt.

Mit *Osteraugen* sehen lernen – darin deutet sich zugleich der Modus an, dem die nachstehenden Beiträge folgen und wie sie entstanden sind: im Raum der Begegnung, des Gespräches und des Erfahrungsaustausches unter Priestern und Seelsorgern/-innen – eben *Zukunftswerkstätten*, die seit 1997 Jahr für Jahr in der *Katholischen Akademie Schwerte* stattfinden. In diesem Sinn möchten die Beiträge auch gelesen werden; sie beantworten keine Fragen, die nicht gestellt werden, sondern suchen das Gespräch zwischen denen, die unterwegs sind – auch durch manche Nacht hindurch; unterwegs freilich gegenseitig bestärkt mit ihrer Glaubens- und Lebenserfahrung: *Der Herr ist wahrhaft auferstanden!*

Das Buch ist Erzbischof Dr. Johannes Joachim Degenhardt gewidmet, dessen Wahlspruch – „Surrexit Dominus Vere" – für den Emmaus-Charakter der vorliegenden Beiträge steht: Begegnung, Begleitung, Gespräch und Austausch, gemeinsames Brotbrechen. Er deutet auch das Ziel an: das Ende der Nacht, ersehnt, angekündigt und erahnt von jenen „Nachtwächtern", die wie kaum andere die Sehnsucht nach dem Licht des neuen Morgens repräsentieren.

Peter Klasvogt
+ Kurt Koch

[1] Karl Lehmann, Wächter, wie lange dauert die Nacht? Zum Auftrag der Kirche angesichts verletzlicher Ordnungen in Gesellschaft und Staat, Bonn 1997, 21.

Thomas Söding

Die Vision der Herrschaft Gottes

Neutestamentliche Zugänge zum Prophetenamt Jesu Christi und zum prophetischen Dienst der Kirche

1. Die Frage der Prophetie

Die kirchliche Tradition sieht in Jesus Christus den König, Priester und Propheten.[1] Als König verwirklicht er Gottes Herrschaft, als Priester opfert er sich selbst zum Heil der Welt, als Prophet offenbart er, wer Gott ist. Alle drei „Ämter" gehören von innen heraus zusammen: Jesus offenbart Gott, indem er seine Macht zur Geltung bringt und die Sünder rettet; er versöhnt die Menschen mit Gott, indem er ihn als den Herrn erweist, der sie aus der Sklaverei der Sünde befreit; er bringt die Herrschaft Gottes nahe, indem er die Sünder zur Umkehr führt und ihnen die Augen für den Gott des Lebens öffnet.

König, Priester und Prophet ist Jesus für das Volk Gottes. Die christologische Ämterlehre ist von Anfang an ekklesiologisch geöffnet. Die Kirche Jesu Christi steht im Dienst der Herrschaft Gottes; sie steht im „Dienst der Versöhnung" (2 Kor 5,18); und sie steht im Dienst der Wahrheit Jesu Christi. Sie kann diesen Dienst nur leisten, weil die Christen durch ihre Taufe kraft des Geistes am königlichen, priesterlichen und prophetischen Amt Jesu Christi partizipieren (vgl. LG 13,1; 24-27; 34ff; SC 7f).

Ob die Kirche allerdings den wahren Gottesdienst der Versöhnung leistet, ist die Frage. Die Gefahr ist groß, das Priesterliche auf den kirchlichen Kult, das Königliche auf die kirchliche Macht, das Prophetische auf die kirchliche Lehre zu fokussieren. Größer ist jedoch die Chance, vom prophetischen, königlichen und priesterlichen Amt Jesu her zu verstehen, was im Leben der Kirche „Gottesdienst", „Kult" und

„Eucharistie“ bedeuten, „Dienst“ und „Vollmacht“, „Offenbarung“, „Lehre“, „Inspiration“ und „Charisma“. Die Macht, den Gottesdienst und die Lehre der Kirche von ihrem Ursprung her zu kritisieren, um sie näher an die Macht, den Gottesdienst und die Lehre Jesu heranzuführen, setzt eine starke Christologie voraus, die aus der Fülle des neutestamentlichen Zeugnisses schöpft, seine Vielfalt schätzt und seine Tiefe auszuloten versucht.

Die schärfste Kritik wird freilich gerade dadurch auf den Plan gerufen. Sie zielt nicht auf das Verhältnis zwischen Jesus und der Kirche, das immer gespannt sein wird, sondern auf die Christologie.[2] Endet die Proklamation der königlichen Macht Gottes nicht in einer Despotie des Guten, die der menschlichen Freiheit widerspricht? Führt nicht die Verkündigung des Erlösers Jesus Christus zu einer Mißachtung des Menschen, dessen Schwäche ausgenutzt und dessen ursprüngliche Beziehung zum Göttlichen durch einen Mittler, der sich dazwischendrängt, gestört wird? Widerspricht nicht die Behauptung göttlicher Offenbarung der Klarheit menschlicher Vernunft, um dem Irrationalismus Tür und Tor zu öffnen?

Die Kritik spitzt sich in der Wahrheitsfrage zu. Hier steht das Prophetenamt Jesu Christi im Zentrum. Einerseits ist die Betonung des Prophetischen die offene Flanke kirchlicher Lehre, in die der neuzeitliche Skeptizismus mit seinem prinzipiellen Verdacht gegen jede übernatürliche Offenbarung, jede heilige Macht, jedes Erlösungsversprechen und jeden Absolutheitsanspruch vorstößt. Andererseits erlaubt die Rückbesinnung auf die Prophetie Jesu jenseits von Fundamentalismus und Relativismus einen Blick auf die Faszination seines Evangeliums, dessen Gedächtnis in der Kirche lebendig bleiben soll.

Die Exegese hat sich freilich im Zuge der „liberalen Theologie“ bisweilen verleiten lassen, das Prophetentum dem „historischen Jesus“ zuzuschreiben, um es von der nachösterlichen Christologie abzugrenzen.[3] Das ist ein Irrweg. Zum einen bleibt die Prophetie Jesu ein großes Thema auch der ausgesprochen „hohen“ Christologie im Neuen Testament. Zum anderen bildet die religionswissenschaftliche und -soziologische Identifizierung Jesu als Prophet eine breite Brücke zur „impliziten Christologie“ Jesu. Die Möglichkeiten historischer Differenzierung, die nicht zuletzt der „liberalen Exegese“ verdankt werden, müssen auch in einer Biblischen und Systematischen Theologie genutzt werden;[4] aber die Möglichkeiten theologischen Verstehens, wie sie im Ausgang von den Evangelien gegeben sind, müssen methodisch in der Exegese zum Tragen kommen.[5]

2. Das Prophetenamt Jesu Christi

Jesus ist „ein Prophet“ (Mk 6,4), aber er ist nicht „einer der Propheten“ (Mk 6,15; 8,28), sondern *der* Prophet.[6] Ein Prophet in Israel ist, wen Gott auserwählt hat, sein Wort zu hören und dem Gottesvolk zu sagen;[7] der Prophet kann nur sein, wer das Wort Gottes zu hören und zu sagen versteht. Das Wort Gottes aber ist das „Evangelium“, das Jesus verkündet (Mk 1,14f):

Die Zeit ist erfüllt,
die Gottesherrschaft ist nahegekommen,
kehrt um
und glaubt an das Evangelium.

Das Evangelium handelt von der Herrschaft Gottes, die nahekommt und die Zeit erfüllt.[8] Die Herrschaft Gottes ist der Inbegriff des Heiles.[9] Daß sie nahekommt, zeigt ihre geschichtliche Dynamik: Aus der eschatologischen Vollendung heraus, die in der transhistorischen Zukunft Gottes liegt, prägt sie das Gesicht der geschichtlichen Welt; sie ist „nahe“ nicht nur in einem spirituellen und existentiellen, sondern auch in einem temporalen Sinn, weil sie sich der Geschichte auf heilsame Weise unauslöschlich einprägt;[10] sie „erfüllt“ die Zeit, indem sie das Warten Israels auf den Messias beendet und den Kairos der Begegnung mit ihm heraufführt. Dieses Evangelium verlangt Umkehr und Glaube. Umkehr meint die Abkehr von der Welt der Sünde (vgl. Mk 1,4) und die Hinkehr zu dem Gott, der durch Jesus seine Herrschaft nahekommen läßt, um aufzudecken, was alles und wer alles seinem Willen widerspricht, aber mehr noch, um seiner Gnade Recht zu verschaffen. „Glaube an das Evangelium“ meint Vertrauen und Gehorsam, Bekehrung und Bekenntnis, Nachfolge und Diakonie. Indem Jesus Umkehr fordert, bringt er die epochale Wende zur Sprache, die Gott durch ihn herbeiführt; indem er Glauben fordert, die Größe der Gnade Gottes und die Freiheit des Menschen. Umkehr und Glaube werden von Jesus gefordert, weil sie aufgehen lassen, in welchem Zeitraum der Gnade die Menschen nach Gottes Willen stehen. Das Evangelium der Basileia ist das Wort Gottes, weil es von der „erfüllten“, d. h. der lange erwarteten und nicht mehr zu übertreffenden Gnadenzeit handelt, die davon bestimmt ist, daß Gott nicht *etwas* auf die Menschen zukommen läßt, sondern *sich selbst* ihnen nahebringt.

a) Die prophetische Vision Jesu

Die Evangelien berichten nur in äußerster Zurückhaltung, aber großem Nachdruck von Visionen Jesu. Am wichtigsten ist die bei der Taufe (Mk 1,9ff). Das älteste Evangelium stellt sie als eine Berufung nach dem Vorbild der Prophetenbücher dar: Jesus hört die Stimme Gottes aus dem geöffneten Himmel, er sieht sich begabt mit dem Heiligen Geist; als Gottessohn verkündet er das Evangelium der Gottesherrschaft. Wahrscheinlich wird Markus das historische Faktum treffen, daß Jesu öffentliche Evangeliumsverkündigung durch eine Offenbarung bei der Johannestaufe ausgelöst worden ist; die Darstellung ist allerdings tief geprägt von der christologischen Reflexion der Urgemeinde und des Evangelisten selbst.

Das Lukasevangelium weiß zudem noch von der Vision, daß Jesus „den Satan wie einen Blitz vom Himmel fallen“ sah (Lk 10,18). Sie steht jetzt – redaktionell – im Kontext der Aussendungsreden. Ihr ursprünglicher historischer Ort ist kaum noch zu markieren. Sie macht aber in ihrer archaischen Bildsprache eines klar: Jesus weiß aufgrund prophetischer Vision, daß der Satan, der Versucher und Ankläger der Menschen, durch Gott seine zerstörerische Kraft im Himmel verloren hat. Deshalb ist er auf Erden noch gefährlich genug; aber in seinen Exorzismen demonstriert Jesus, daß es mit dem Satan „aus ist“ (Mk 3,26). Der Sieg Gottes steht definitiv fest. Worauf es ankommt, ist, die Menschen davon zu überzeugen.

Die synoptischen Visionsberichte machen eines klar: Ohne daß seine prophetische Inspiration historisch und theologisch ernst genommen wird, läßt sich die Verkündigung Jesu nicht verstehen. Jesus selbst hat an die Wahrheit dessen geglaubt, was ihm prophetisch offenbart worden ist: daß Gott sein Vater ist, der ihn sendet, und daß der Sieg über das Böse feststeht. An seinen Jüngern ist es, Jesus diese Vision der Basileia zu glauben. Die synoptischen Erinnerungen an die Visionen Jesu bringen das Menschsein Jesu zur Geltung und zeigen, worauf es Gott ankommt. Sie setzen zwei Schwerpunkte, die für das Verständnis der Prophetie Jesu von größter Bedeutung sind – historisch und christologisch: Es geht um das Geheimnis der Person Jesu, und es geht um das Geheimnis der nahekommenden und künftig vollendeten Gottesherrschaft (vgl. Mk 4,11).

Der Prophet Jesus schaut in die Zukunft: Sie gehört Gott, ihm ganz allein. Denn Gott ist entschlossen, seinem Recht und seiner Gerechtigkeit, seiner Macht und Liebe umfassende Geltung zu verschaffen. Damit wird Gott nicht nur sich selbst gerecht; vor allem richtet er seine Herrschaft um der Menschen willen auf; denn da sie Gottes Geschöpfe sind und dennoch sich der Sünde anheimgegeben haben, liegt ihr ganzes Heil allein darin, daß Gott seine ureigene Macht durchsetzt und deshalb alles ausschaltet, was sich gegen ihn stellt und damit auch gegen die Menschen, die selbst ihre größten Feinde sind. Die Vision der Gottesherrschaft ist die Vision vom endgültigen Sieg der Gerechtigkeit und der Liebe Gottes: der Gerechtigkeit, weil Gott die Sünde der Menschen um der Opfer willen nicht leugnen kann, sondern im Endgericht verurteilen wird; der Liebe, weil Gott, indem er den Tod ins Leben wandelt, über alle menschliche Schuld und Hoffnung hinaus seine ureigene Schöpferkraft vollendet. Indem Jesus, die Basileia verkündend, die Perspektive auf den endgültigen Sieg der Gerechtigkeit und Liebe und damit auf das ewige Leben der Glaubenden öffnet, stellt er sich zur Glaubensgeschichte Israels, für die Gottes Verheissungstreue und Barmherzigkeit ein Leitmotiv seiner geschichtlichen Existenz bilden und später auch seiner Hoffnung auf Vollendung geworden sind. Freilich führt Jesus diese Hoffnungsgeschichte zugleich über sie selbst hinaus: Weil die Zukunft wie die Gegenwart der Basileia an seine Person gebunden ist und ewiges Leben in der Gemeinschaft mit ihm und der durch ihn vermittelten Gemeinschaft mit Gott besteht, ist die futurisch-transzendent vollendete Basileia nicht nur die unendlich gesteigerte Erfüllung der messianischen Hoffnungen Israels, sondern darin die Verwirklichung dessen, worauf die Sendung des Sohnes durch den Vater von Anfang an zielte und was der Sohn in seiner Hingabe an den Vater bis zum Ende für Israel und die Völker wollte.[11]

Der Prophet Jesus schaut aber nicht nur in die Zukunft, sondern ebenso in die Gegenwart. Auch sie gehört Gott ganz allein. Denn sie steht im Zeichen der nahekommenden Gottesherrschaft. Ihr Kommen ist nicht ein geschichtlicher Faktor neben anderen, schon gar keine Idee oder Hypothese. Sie ist die verborgene Wirklichkeit dieser Welt. Sie ist verborgen, weil die Welt nicht das Reich Gottes ist – und es nie werden wird. Aber als verborgene ist sie die alles bestimmende Kraft der irdischen und aller menschlichen Geschichte. Einerseits bricht Jesus die Fixierung auf spektakuläre Wunderzeichen auf, die „hier" und „da" zu sehen sein sollen (Lk 17,20f); andererseits öffnet er die Augen für die verborgene Gegenwart der Basileia im Alltag der Welt. Die Gleichnisse lassen Grundsituationen menschlichen Lebens – die Freude über das Finden eines Vermißten (Lk 15), den Ernteerfolg eines Bauern (Mk 4,3-9 parr; vgl. ThEv 9), die Einladung zu einem Festessen (Lk 14,16-24 par; Mt 22,1-10; vgl. ThEv 64), den Erfolg einer hartnäckig um ihr Recht kämpfenden Frau (Lk 18,1-8) – und Erscheinungen der Natur – das Wachsen eines Senfkorns (Mk 4,30ff parr; vgl. ThEv 20), das Sprossen eines Feigenbaumes (Mk 13,28f parr), das Durchsäuern eines Brotteiges (Mt 13,33 par) – als Hinweise auf das Kommen der Basileia erkennen und mehr noch: als Vorgeschmack des endgültigen Heiles. Andererseits stellt Jesus mit dem unbarmherzigen Schuldner (Mt 18,23-35), dem reichen Mann, der den armen Lazarus verkommen läßt (Lk 16,19-31), dem törichten Reichen (Lk 12,16-21; vgl. ThEv 63), den bösen Winzern (Mk 12,1-12 parr; vgl. ThEv 65) Figuren vor Augen, deren ethisches Versagen auf die Gefahr und die Formen eines ungläubigen Verfehlens der Basileia hindeuten. Der Ort, an dem die verborgene Gegenwart der Basileia dauerhaft erfahren werden und mithin die Hoffnung auf Vollendung lebendig bleiben kann, ist der Kreis der Jünger Jesu. Die „Suche nach den verlorenen Schafen des Hauses Israel" (Mt 10,6; 15,24)[12] führt zur Bildung der Jüngerschaft, die in sich vielfach differenziert ist, aber, wie die Einsetzung des Zwölferkreises (Mk 31,13-19 parr) zeigt, die Keimzelle des eschatologischen Gottesvolkes bildet.[13] Die Nachfolge führt in eine enge Lebens- und Schicksalsgemeinschaft mit dem Meister (Mt 8,18-22 par; Lk 9,57-62). Die Jünger profitieren vom Offenbarungswissen, das Jesus ihnen mitteilt (Lk 10,21-24 par; Mt 11,25ff; 13,16f); sie partizipieren an der Sendungsvollmacht Jesu (Mk 6,6b-13 parr; Lk 10,1-12; vgl. Mk 1,16-20 par); sie personifizieren die Hoffnung Jesu auf die Sammlung ganz Israels, die mit der Rettung auch der Völker verbunden ist.

Die innere Verbindung zwischen der verborgenen Gegenwart und der künftigen Vollendung der Basileia kommt in den Gleichnissen vom Senfkorn (Mk 4,30ff parr) und vom Sauerteig (Lk 13,20f par; Mt 13,33) zur Sprache. Jesus arbeitet bei diesen Beispielen nicht mit spektakulären Ausnahmen, sondern mit verblüffenden Regelmäßigkeiten, die im Buch der Natur und im Rezeptbuch einer Hausfrau vorgesehen ist: Wie ausgerechnet das kleinste aller Samenkörner (dank der Schöpferkraft Gottes) die größte aller Gartenpflanzen hervortreibt und wie ganz wenig Sauerteig ganz viel Weizenteig durchsäuert, so ist es gerade die Kleinheit der verborgenen Wirksamkeit Jesu, die begründet, wie herrlich die Vollendung sein wird.[14] Für Jesus selbst ist der Weg der Niedrigkeit der Weg des Dienens und der Weg des Dienens der Weg, auf dem Jesus ganz „für" die Menschen da sein kann (Mk 10,45). Die eschatologische Dialektik verweist also einerseits darauf, daß die Heilsvollendung alle Erwartungen und Hoffnungen transzendiert, andererseits darauf, daß gerade die radikale Proexistenz Jesu den Weg ins Gottesreich bahnt.[15]

Der Blick in die Zukunft und in die Gegenwart gehören untrennbar zusammen. Weil Jesus als Prophet weiß, was auf die Menschen zukommt, weiß er, was ist, was sein soll und worauf es ankommt. Als Prophet gibt sich Jesus keinerlei Illusionen über Gott und die Welt hin, sondern bringt deren Wirklichkeit zur Sprache: das Gottsein Gottes, das Menschsein des Menschen, die Weltlichkeit der Welt. Das ist der tiefe Realismus des visionären Evangeliums Jesu. Weil Jesus alles auf die Karte Gottes setzt, kann er – schonungslos und liebevoll – die irdische Wirklichkeit erkennen und zur Sprache bringen. Seine Gottesverkündigung stellt ihn in die Tradition der Hoffnungsgeschichte Israels: Die Einzigkeit Gottes, seine Vaterschaft, seine Geschichtsmacht und seine Schöpferkraft, seine Güte und Gerechtigkeit – das Evangelium Jesu bringt diese Leitmotive des Alten Testaments neu zum Klingen, indem es das Lied der Gottesherrschaft intoniert. Daß Jesus – an den Kategorien Israels gemessen (Dtn 13; 18) – ein „wahrer" Prophet ist, setzt diese tiefe Übereinstimmung voraus. Weil Jesus Gott und Welt streng unterscheidet, um die Herrschaft Gottes hervortreten zu lassen, kann er in ähnlich harten Worten wie der Täufer Johannes die Schuld der Menschen anklagen (Lk 13,1-5). Aber er redet sie nicht als „Schlangenbrut" an (Lk 3,7 par; Mt 3,7), sondern als „verlorene Schafe des Hauses Israel" (Mt 10,6; 15,24), die gesucht sein wollen, weil sie sich verirrt haben (Lk 15,3-7 par; Mt 18,12ff).

b) Prophetisches Wirken und Leiden

Das Evangelium Gottes verkündet Jesus als Prophet, dessen Visionen der vollendeten und nahekommenden Basileia die Wirklichkeit der Welt und des Menschen zum Vorschein kommen lassen. In beidem liegt der Wahrheitsanspruch Jesu begründet, den Johannes christologisch radikalisiert (14,6):

Jesus weiß aufgrund prophetischer Offenbarung, was der Wille Gottes ist, worin seine Macht besteht, welche Zukunft seine Gnade hat und was deshalb die Menschen hoffen dürfen und tun sollen. Es ist gerade diese prophetische Perspektive auf die Basileia, die Jesus erkennen läßt, was „im Menschen ist“ (Joh 2,25) und welchen Weg die Geschichte nehmen wird.

Als Prophet wirkt Jesus vor allem durch sein Wort. Die Seligpreisungen (Lk 6,20f par; Mt 5,3-12) sind ebenso wie die Worte der Sündenvergebung eminente Sprechakte: Sie bewirken, was sie besagen, und zwar ausschließlich dadurch, daß Jesus im Namen Gottes die entscheidenden Worte spricht. Jesus proklamiert das „Evangelium Gottes“ (Mk 1,14) als Prophet, weil er im Namen Gottes redet, in seiner Autorität, mit seiner Stimme. Jesus begründet das Evangelium nicht, er verteidigt es nicht und leitet es nicht aus bestimmten Vorgaben ab. Er bringt es unmittelbar von Gott aus zur Sprache, er steht mit seiner ganzen Existenz für das Wort Gottes ein, er setzt Zeichen für seine Wahrheit und expliziert seine Bedeutung, bis weit in die Ethik hinein, nicht ohne Argumentation und nicht ohne einen direkten oder indirekten Rekurs auf die heilige Schrift Israels. Die gegenwärtige Nähe und künftige Vollendung der Basileia kann nicht unter Vorbehalt, sondern nur unbedingt, sie kann nicht im Verweis auf Menschen, sondern nur im Verweis auf Gott, kurz: Sie kann nur prophetisch verkündigt werden, und glaubwürdiger Sprecher *dieses* Wortes kann nur *der* Prophet sein, von dessen Botschaft *alles* abhängt. Umkehr und Glaube kann nur ein Prophet fordern; Umkehr zur Gottesherrschaft und Glaube an das Evangelium der Basileia nur der Prophet.

Die Autorität des Wortes Jesu wird durch die Nachfolgeperikopen der Evangelien demonstriert. Wenn es wichtiger ist, Jesus nachzufolgen, als den eigenen Vater zu begraben (Lk 9,57-62 par; Mt 8,18-22), tritt Jesus als prophetischer Charismatiker vor Augen, der in radikaler Unbedingtheit die Zugehörigkeit zu seiner Person, den Einsatz für seine Sache, den Glauben an sein Wort fordert.[16] Markus erzählt von der

Berufung der ersten Jünger (1,16-20) nach dem Vorbild der Berufung des Elischa durch Elija (1 Kön 19,19ff). Vom Propheten geht die Initiative aus; er tritt auf den Plan, sein Kommen ist entscheidend; sein Blick erwählt, sein Wort beruft. Denn im Wort des Propheten ist das Wort Gottes mit der Autorität Gottes zu hören. Wer „Menschenfischer" wird, ist es dank des prophetischen Rufes Jesu; und zum Propheten gehört, daß er Schüler hat und Nachfolger – nur daß bei Jesus gilt: „Einer ist euer Meister" (Mt 23,8).

Jesus wirkt als Prophet durch sein Wort und durch seine Taten. Wie Elija und Elischa ist der Prophet Jesus nicht zuletzt ein Wundertäter. Die Evangelien zeichnen Jesus denn auch nicht selten in den Farben des Elija und Elischa, wenn sie von seinen Machttaten handeln.[17] Jesus weist das Ansinnen, sich durch ein Wunderzeichen als der Messias und wahre Prophet auszuweisen, kompromißlos zurück (Mk 8,11ff parr; Lk 11,29-32 par; Mt 12,38-42). Er wirkt Wunder nicht zur Legitimation seiner selbst, sondern aus Mitleid, um die Kranken zu heilen und die Besessenen zu befreien. Aber eben deshalb haben die Wunder Zeichencharakter, wie Johannes besonders deutlich herausarbeitet:[18] Sie offenbaren an der körperlichen und seelischen Gesundung der Gebrechlichen, daß die Gottesherrschaft die Heilsmacht schlechthin ist, die nicht nur ein neues Denken und Fühlen ermöglicht, sondern den ganzen Menschen neu erschafft. Die Gegenwart der Gottesherrschaft erweist sich vorzüglich in den Krankenheilungen und den Exorzismen Jesu (vgl. Lk 11,20 par; Mt 12,28). Sie verheißen die Vollendung der Basileia als umfassende Heilung und Befreiung, öffnen aber gleichzeitig den Blick dafür, daß der Gott, dem alle Zukunft gehört, um des Heiles und der Freiheit der Menschen willen schon gegenwärtig seine rettende Kraft manifestiert. Im Blick auf die verheißene Vollendung können sie der synoptischen Tradition zufolge bereits das Urteil begründen: „Er hat alles gut gemacht" (Mk 7,37). Freilich verschweigen die Synoptiker auch nicht, daß die Machttaten Jesu keineswegs unumstrittene Zeichen der Basileia sind. Den Vorwurf, er treibe „im Namen des Obersten der Dämonen die Dämonen aus", kann Jesus nur kontern, indem er den Blick von der

Machttat als solcher auf den Effekt bei den Besessenen lenkt: Da sie von den bösen Geistern befreit werden, würde sich Satan ins eigene Fleisch schneiden, wäre Jesus sein Agent (Mk 3,20-30 parr).

Was das prophetische Wirken Jesu in Wort und Tat ausmacht, ist seine Vollmacht.[19] Die Vollmacht Jesu ist charismatisch, weil sie sich dem Geist Gottes verdankt; sie ist diakonisch, weil sie für die Menschen in Anspruch genommen wird; sie ist prophetisch, weil sie der Verkündigung des Evangeliums in Wort und Tat dient. Sie zeigt sich in der Freiheit, mit der Jesus von Gott und seiner Herrschaft spricht; sie besteht in seiner Proexistenz und Theozentrik: Es ist die heilschaffende Dynamik der Gottesherrschaft selbst, die sich in der Vollmacht Jesu ihren Ausdruck verschafft.

Jesus lebt und wirkt aber nicht nur als Prophet, er stirbt auch den Tod eines Propheten. Ein Prophet in Israel zu sein heißt immer auch, wegen des Wortes Gottes mitten im Volk Gottes verfolgt zu werden.[20] Daß Propheten gerade bei denen kein Gehör finden, zu denen sie gesandt sind, ist eine bittere Erfahrung der Geschichte, die Israel mit großer Selbstkritik in seinem kollektiven Gedächtnis behalten und seiner Bibel mit zahlreichen Details (Amos; Jeremias) und schneidender Schärfe eingeschrieben hat (Neh 9,26). Die neutestamentliche Prophetenchristologie stellt sich in diese Tradition. Weil Jesus „ein Prophet“ ist, „gilt“ er „nichts in seiner Vaterstadt“ (Mk 6,4; vgl. Joh 4,44; ferner ThEv 31). Als Verfolgter und Leidender gehört Jesus in die Reihe der Diener, die Gott in den „Weinberg“ Israel (Jes 5,1-7) gesandt hat, um sein Volk zum Gehorsam, zu Recht und Gerechtigkeit zu rufen (Mk 12,1-12). Aber der letzte in dieser Reihe ist der „geliebte Sohn“ (Mk 12,5), der von den Pächtern des Weinberges ermordet wird (Mk 12,7f). Sein Leiden deckt nicht nur auf, daß die Menschen in Israel auch der Versuchung erliegen, das Wort Gottes zu überhören; sein Leiden gewinnt, so paradox es ist, selbst noch einmal entscheidende Bedeutung für die Verkündigung der Frohen Botschaft und die Verwirklichung ihrer Verheißung. Der Prophet ist der Gottesknecht (Jes 53), der wegen seines Evangeliums verfolgt wird und deshalb „für die Vielen stirbt" (Mk 14,24); und der prophetische Tod Jesu kann nur deshalb eschatologische Heilsbedeutung haben, weil es „Gottes Sohn" ist (Mk 15,39), der als „König der Juden" (Mk 15,25) *ans* Kreuz geht.

c) Der Gottessohn als Prophet der Gottesherrschaft

Ein Prophet kann nur ein Mensch sein, der von Gott zu einer bestimmten Zeit mit einem bestimmten Verkündigungsamt betraut worden ist; dieser Prophet kann nur der Mensch sein, der von allem Anfang an und bis in alle Ewigkeit hinein, seiner ganzen „Person" und Geschichte, seinem Ursprung und Ziel, also, wie es später heißen wird, seinem „Wesen" nach zu Gott gehört. *Der* Prophet ist der „Sohn Gottes" (Mk 1,1; vgl. 1,9ff), der in der Kraft Gottes das „Evangelium Gottes" (Mk 1,14) verkündet; der Sohn Gottes ist als Prophet gekommen, weil er in Wort und Tat das „Evangelium Gottes" zu verkünden hat (Mk 1,14f). Jesus ist Prophet, weil er, über die Grenzen aller vergangenen, gegenwärtigen und zukünftigen Geschichte hinausblickend, die Vision der Herrschaft Gottes hat, die im Kommen ist, weil sie aus Gottes Zukunft heraus die Geschichte definitiv prägt. Im Lichte dieses Kommenden beurteilt er alle Vergangenheit, Gegenwart und Zukunft, das Verhalten der Menschen ebenso wie den Gang der Geschichte. Jesus ist der Prophet, weil er nicht bestimmte Ereignisse, sondern das alles bestimmende Ereignis der Zukunft ankündigt. Er ist als Prophet der Basileia der Sohn Gottes, weil er in radikaler Theozentrik alles auf den Vater setzt (Mk 13,32) und deshalb als einziger um die Zukunft der Vollendung weiß.[21]

Die Kategorie des Prophetischen reicht dem Neuen Testament nicht aus, Jesus zu verstehen. Nach der Redenquelle (Lk 7,26 par; Mt 11,9) sagt Jesus bereits über Johannes, der Täufer sei „mehr als ein Prophet". Um so viel betonter heißt es von Jesus, er sei „mehr als Jona" (Lk 11,32 par; Mt 12,41), wie er als König der Weisheit auch „mehr als Salomo" ist (Lk 11,31 par; Mt 12,42). Aber das Prophetische gehört zu seiner Geschichte; es strahlt auch im österlichen Morgenglanz auf. Je deutlicher die Gottessohnschaft Jesu gesehen wird, desto stärker kann auch das Prophetenmotiv erklingen. Markus hat den grundlegenden Zusammenhang zwischen der Gottessohnschaft und der prophetischen Sendung aufgedeckt;[22] auf dieser Basis kann Lukas (7,16; 24,19) die inspirierte Evangeliumsverkündigung Jesu (4,16-21 [Jes 61,1f]) als Erfüllung der prophetischen Verheißung des Mose (Dtn 18,15) deuten, Gott werde seinem Volk „einen Propheten wie mich aus euren Brüdern erwecken" (Apg 3,22f; 7,37).[23] Johannes hingegen betont das Prophetentum Jesu, um ihn als den Offenbarer des Vaters vorstellen zu können. Auch bei Johannes ist „Prophet" kein Hoheitstitel, der das Geheimnis der Person Jesu ergründen, aber ein Name, der in dieses Geheimnis hineinführen kann.[24] Als Gottessohn ist Jesus der eschatologische Offenbarer des Vaters, der nicht nur als Präexistenter im Unterschied zu jedem anderen Menschen Gott gesehen hat (1,18), sondern ihn auch als Irdischer fortwährend sieht (5,19f). Darin ist die Prophetie Jesu begründet. Als prophetischer Gottessohn ist er „Weg und Wahrheit und Leben" (14,6).

Jesus hat auf seine Anhänger, auf einige der mehr oder weniger interessierten Zuschauer und wohl auch auf manche seiner Gegner als ein Prophet gewirkt. Auch in religionssoziologischer Perspektive leuchtet dies ein: Die Wunder und die Seligpreisungen, die Ausblicke auf das Reich Gottes und die Einblicke in die Psyche des Menschen, die Gerichtspredigt und die Heilsverkündigung, die programmatische Wanderschaft und die Armut – all diese Phänomene wiesen in die Richtung des Elija und Elischa, der Schriftpropheten, des Täufers, aber auch jüdischer Zeichenpropheten, auf die Josephus in seiner Vorgeschichte des Jüdischen Krieges zu sprechen kommt (ant. 20.167-172 etc.).[25] Ob Jesus selbst sich für einen Propheten gehalten hat, läßt sich auf der Basis des Neuen Testaments nicht entscheiden. Auch die Evangelien bleiben ein Zeugnis von Menschen, die nicht ins Innerste des Herzens Jesu schauen konnten. Den Texten zufolge hat sich Jesus – wie bei den Hoheitstiteln auch – größte Zurückhaltung auferlegt. Nur das Sprichwort vom verfolgten Propheten (Mk 6,4; Joh 4,44) legt eine Spur. Wichtiger aber ist: Jesus hat wie ein Prophet und als ein Prophet gewirkt und schließlich auch gelitten. Dies ist der historische Ausgangspunkt der neutestamentlichen Zeugnisse von seiner Prophetie, die unter dem Eindruck seines Todes und seiner Auferweckung abgegeben werden.

Jesus ist Prophet mit Leib und Seele. Seine prophetische Sendung bestimmt sein Leben und auch sein Sterben. Sein prophetischer Dienst und seine prophetische Vollmacht gehören zusammen.

Darf man von seinem prophetischen „Amt" sprechen? Das ist eine Definitionsfrage. Gewiß geht es Jesus nicht um die Erringung, Bewahrung und Abgrenzung bestimmter Rechte und Pflichten. Aber Jesus hat sein prophetisches Wirken als Dienst verstanden, und zwar bis zur Hingabe seines Lebens (Mk 10,45; Lk 22,27); er hat das Evangelium mit Vollmacht verkündet, und zwar in Wort und Tat (Mk 1,27f); er ist von Gott beauftragt und gesendet, und zwar weil Gott ihn als seinen Sohn liebt (Mk 1,9ff); er wirkt als messianischer Prophet im Gottesvolk und für Israel, und zwar um ihm den Zugang zum Reich Gottes zu öffnen (vgl. Mk 10,13-16); er repräsentiert Gott, den Abba und Kyrios, und zwar durch sein Wirken wie durch sein Leiden. Beauftragung und Sendung, Dienst und Vollmacht, Repräsentanz und Proexistenz aber sind wesentliche Merkmale des Amtes, das seine kirchliche Formung nur aus der Praxis Jesu finden kann, wie sie sich im Lichte seiner Auferweckung darstellt.

3. Prophetie in der Kirche

Zum prophetischen Amt Jesu gehört es nicht nur, in charismatischer Autorität das Evangelium der Gottesherrschaft zu verkünden, sondern an seiner Sendung seinen Jüngern, die er in die Nachfolge gerufen hat, Anteil zu geben (Mk 6,6b-13 parr; Lk 10,1-12). Die Vorhersage von Verfolgungen hat er mit der Zusage verbunden, der Geist werde ihnen helfen, die rechten Worte zu finden (Mk 13,9-13 parr). Seinen eigenen Tod haben seine Jünger als Stiftung des Basileia-Bundes gedeutet (Mk 14,22-25 parr; 1 Kor 11,23ff), seine

Auferweckung als Neuberufung in die Nachfolge zur vollmächtigen Evangeliumsverkündigung (1 Kor 15,1-11; Mt 28,16-29; Lk 24,36-49; Apg 1,3-8; Joh 20,24-29). Deshalb darf gefragt werden, wie in der Kirche nicht nur das Gedächtnis des Propheten Jesus, sondern auch die Prophetie Jesu lebendig bleiben kann.

a) Neutestamentliche Modelle

Nach dem Neuen Testament ist der Geist der Prophetie in der Kirche lebendig.[26] Zwei Modelle lassen sich unterscheiden: das des Sehers Johannes und das des Apostels Paulus.

Johannes kennzeichnet sein „Buch“ als „Prophetie“ (22,18f; vgl. 1,3; 22,7).[27] Es beruht auf Offenbarung. Johannes ist der hervorragende Vertreter jener Propheten (18,20), die aufgrund ihrer Inspiration einen radikalen Wahrheits- und Verbindlichkeitsanspruch erheben können und müssen. Das Wort, das Johannes in den sieben Sendschreiben an die Gemeinden richtet, beansprucht umfassende Urteilskompetenz und kanonische Verbindlichkeit. Der Prophet, dessen Zeugnis durch sein Leiden verifiziert wird (1,9), ist der Mann Gottes, der die Kirche leitet, in welcher „amtlichen“ Stellung auch immer. Als Prophet schreibt einen grandiosen Gesamtentwurf heilsdramatischer Christologie, der von der Schöpfung bis zur Vollendung, vom himmlischen Jubel bis zur irdischen Trübsal, von der Glorie Gottes bis zum Kreuzestod Jesu, vom Satanssturz bis zur Herabkunft des himmlischen Jerusalems reicht. In seiner Prophetie bringt Johannes das Ganze des eschatologischen Heilsgeschehens ins Wort und gibt damit der Kirche die alles entscheidende Orientierung auf ihrem Weg durch die Zeit. Der Prophet wird zum Briefschreiber, zum Hymnendichter, zum Satiriker, um diesem Programm gerecht zu werden; aber wird es nur in strenger Rückbeziehung auf die „Offenbarung Jesu Christi, die ihm Gott gegeben hat, seinen Knechten zu zeigen, was in Kürze geschehen soll“ (Offb 1,1). Nach der Johannesapokalypse kommt in der Zeit der Kirche bis zur Parusie alles darauf an, daß das Zeugnis eines vom Auferstandenen auserwählten Propheten Gehör findet. Durch diesen Propheten meldet sich Jesus Christus selbst zu Wort. Ohne sein Zeugnis würde die Kirche im Meer des Synkretismus versinken.

Paulus hat ein anderes Modell.
Er kennt das Charisma der Prophetie in seinen Gemeinden (1 Thess 5,20; 1 Kor 12,10.28f).[28] Es ist von großer Bedeutung für den „Aufbau" der Ekklesia (1 Kor 12-14). Zusammen mit den Aposteln und den Lehrern sind die Propheten, von „Gott in der Kirche eingesetzt" (1 Kor 12,28), die vollmächtigen Zeugen des Wortes Gottes und als solche Träger eines kirchlichen „Amtes" (ohne daß es schon das Wort dafür gäbe). Propheten verstehen es, das rechte Wort zur rechten Zeit zu sagen; sie ermutigen und trösten (1 Kor 14,3); sie unterscheiden die Geister (1 Kor 12,10); sie bringen zum Vorschein, was im Herzen der Menschen verborgen ist; sie führen andere dazu, die Präsenz Gottes inmitten der Ekklesia zu erkennen (1 Kor 14,22-25). Dennoch haben die Propheten bei Paulus nicht dieselbe Grundlagenfunktion wie die Apostel. Deren Amt ist es, das Fundament der Ekklesia zu legen (1 Kor 3,10ff); die Propheten gehören zu denen, die darauf aufbauen. Röm 12,6 bestimmt präzis den Ort und das Kriterium kirchlicher Prophetie: „Entsprechend dem Glauben" soll reden, wer die Prophetengabe besitzt.[29] Dieser Glaube faßt den Inhalt des apostolischen Evangeliums zusammen. So wie nach Dtn 13 und 18 wahrer Prophet in Israel nur ist, wer in Übereinstimmung mit dem Hauptgebot lehrt (Dtn 6,4f), so ist nach Röm 12 wahrer Prophet in der Kirche nur, wer in Übereinstimmung mit dem Grundbekenntnis zu Jesu Tod und Auferstehung spricht (1 Kor 15,3-5).

Nach Paulus gibt es ein prophetisches Amt in der Kirche. Daß aber die Kirche als Ganze vom Geist und vom Wort Gottes lebt, verdankt sich in erster Linie dem berufenen Apostel. Der Apostel gewinnt seine fundamentale Bedeutung, weil er – wie die Jünger zu Lebzeiten Jesu – vom Auferstandenen selbst berufen worden ist, das Evangelium zu verkünden und Gemeinde zu bilden. Zum Charisma des Apostels gehört es, daß er prophetisch redet; Paulus macht davon sparsamen, aber gezielten Gebrauch – durchweg dann, wenn er von der eschatologischen Vollendung spricht, von der Auferstehung der Toten (1 Thess 4,13-18; 1 Kor 15) und von der Rettung „ganz Israels“ (Röm 11,26ff).[30] Diese Prophetie, die ihn in erstaunliche Nähe zu den Leitmotiven der Basileiaverkündigung Jesu führt, expliziert das Grundevangelium von Jesu Tod und Auferweckung. Paulus muß in erster Linie als Prediger und Priester in Wort und Zeichen das Evangelium des Glaubens verkünden (Röm 15,14-21). Als solcher leistet er „an Christi statt“ den „Dienst der Versöhnung“ (2 Kor 5,11-21). Um diesen apostolischen Dienst, in dem Jesus Christus selbst sein Wort sagt und sein Werk tut (Röm 15,18), zu erfüllen, bedarf Paulus auch der prophetischen Rede – und des Lehrens. Wie er als Prophet der eschatologischen Konsequenz des Evangeliums ansichtig wird, so expliziert er als Lehrer die Logik des Glaubens – namentlich dadurch, daß er das Evangelium als „Wort vom Kreuz“ wider alle Menschenweisheit interpretiert (1 Kor 1,8 - 2,16).[31]

In der Paulusschule zeigt sich, wie der Blick sich auf das Lehramt zu konzentrieren beginnt. Der Epheserbrief sieht die Propheten – mit den Aposteln zusammen – im Fundament der Ekklesia (2,20); wahrscheinlich sind sie nicht mehr lebendige Gegenwart, sondern bereits normative Vergangenheit. Die ekklesiale Gegenwart ist von den „Evangelisten“, den „Hirten und Lehrern“ bestimmt (4,11f). Daraus spricht nicht unbedingt das Mißtrauen einer sich institutionalisierenden Kirche gegen das freie Prophetentum, sondern zunächst die Einsicht, daß es in späterer Zeit vor allem die Katecheten sind, welche die Erinnerung an Jesus Christus lebendig handeln. Die Pastoralbriefe setzen den neutestamentlichen Schlußpunkt dieser Entwicklung: Die bischöflichen Lehrer sind es, die, vor allem durch die Predigt, das „Wort der Wahrheit“ recht verkünden (2 Tim 2,15) und das „Geheimnis des Glaubens“ (1 Tim 3,9) hüten sollen.

b) Neutestamentliche Impulse

In der Kirche hat sich das paulinische Modell durchgesetzt. Nicht der Prophet ist die Orientierungsfigur der Kirche, sondern der Apostel. Das geschah zu Recht. Denn der Seher Johannes leistet nicht dieselbe kirchliche Gründungsarbeit wie der Apostel. Die prophetischen Visionen des Johannes haben im neutestamentlichen Kanon etwa denselben Ort wie die prophetischen Inspirationen des Paulus im Rahmen seiner Theologie und Verkündigung. Daraus folgt zweierlei.

Im Rahmen und auf der Basis apostolischer Diakonie hat das Prophetische seinen Platz. Prophetie und Lehramt sind von Paulus her und in der Paulusschule keineswegs identisch. Insofern ist die spätere Entwicklung eine Engführung. Freilich ist es auch ein Zeugnis der Nüchternheit. Nicht daß der Geist der Prophetie erloschen sei, ist ein kirchliches Dogma, sondern daß nichts über die Prophetie Jesu geht. Es war und es ist nicht zuletzt die Aufgabe der Lehrer, das Wissen um diese Prophetie wachzuhalten. Der Prophet Jesus hat selbst als Lehrer gewirkt, so gehört auch die kirchliche Lehre in all ihrer Vielfalt zur Nachfolge Jesu – wenn sie nicht beansprucht, selbst Prophetie zu sein. Das Charisma der Prophetie zu wecken ist eine Aufgabe, die sich der Apostel Paulus gestellt hat. Die Kirche, je fester sie in ihren Strukturen und ihrer Glaubenssicherheit ist, bedarf desto mehr des freien, nicht an Institutionen und Ämter gebundenen Prophetentums, das unmittelbar von Gott her und frei heraus die Stimme erhebt, um ungebunden und rücksichtslos, kritisch und eindrücklich zu sagen, was das Evangelium ist. Freilich ist nicht das Außenseitertum, das Revolutionäre und Spektakuläre, das Unangepaßte und Kritische schon der Ausweis wahrer Prophetie, sondern – wie Paulus gesagt hat – die *analogia fidei* (Röm 12,6), daß die Kirche des Charismas solcher Prophetie, die zeigt, wo Gott wahrhaftig ist, nicht zu entbehren braucht, ist eine Verheißung Jesu Christi selbst.

Das Prophetenamt der Kirche auszuüben ist freilich noch etwas anderes. Dieses Amt hängt daran, daß in der Feier wie in der Verkündigung und im Dienst des Glaubens die Wahrheit des Evangeliums zu Ehren kommt. Prophetisch ist die Kirche, wenn sie sich auf die Seite des Propheten Jesus stellt und seine Prophetie weitergibt. Entscheidend ist also, ob, wie und wo die Kirche tatsächlich ein Ort des Glaubens an die Gottesherrschaft und der Verkündigung seiner Nähe ist. Das Evangelium Jesu, daß die Basileia nahegekommen sei, gilt bis heute. Die Zeit ist nicht über diese Prophetie Jesu hinweggegangen. Nur scheint – auch in der Kirche – der Glauben an die Wahrheit dieses Wortes geschwunden zu sein. Auf Jesu alles entscheidende Verkündigung zu vertrauen bedeutet aber nicht, einem sektiererischen Enthusiasmus zu verfallen, sondern die Wirklichkeit wahrzunehmen, wie Jesus sie gesehen und besprochen hat. In den Biographien der Menschen, in den Zeichen der Zeit, in den Höhen und Tiefen der Geschichte, in der Schönheit und Grausamkeit der Natur das Kommen des leidenden und rettenden Gottes zu entdecken, die Dialektik von Heil und Gericht, die Kraft in der Schwachheit und dann die Augen zu erheben zum Berg der Verklärung: das wäre das prophetische Zeugnis, nach dem die Kirche gefragt ist und das sie geben kann, wenn sie der Prophetie Jesu vertraut.

1 Vgl. L. Ulrich, Ämter Christi: LThK[3] 1 (1993) 561-563.

2 Der Protagonist ist Friedrich Nietzsche; vgl. dazu jetzt H. Hübner, Nietzsche und das Neue Testament, Tübingen 2000.

3 So noch die Tendenz von P. M. Casey, From Jewish Prophet to Gentile God. The Origins and Development of New Testament Christology, Cambridge 1991.

4 Ein Beispiel gibt E. Schillebeeckx, Jesus – Die Geschichte von einem Lebenden, Freiburg – Basel – Wien 1975, 389-398 (der sich allerdings nicht ganz von der Tendenz freimachen kann, die moderne Differenzierung einer Differenzierung einer Christologie „von unten" und „von oben" auf das Neue Testament zu projizieren).

5 Vgl. Th. Söding, Wege der Schriftauslegung. Methodenbuch zum Neuen Testament. Unter Mitarbeit von Ch. Münch, Freiburg – Basel – Wien 1998.

6 Zur ntl. Prophetenchristologie vgl. F. Hahn, Christologische Hoheitstitel (FRLANT 85), Göttingen [3]1995 ([1]1963), 351-404 (der mit einer archaischen Prophetenchristologie rechnet); M. Karrer, Jesus Christus im Neuen Testament (NTD.E 11), Göttingen 1998, 217-220 (der die Bedeutung des Prophetenmotivs in der „späten" Christologie herausarbeitet).

7 Zur atl. Prophetie, ohne die das ntl. Prophetentum nicht verstanden werden kann, vgl. K. Koch, Die Propheten, 2 Bde., Stuttgart I [5]1995. II [3]1988.

8 Vgl. H. Weder, Gegenwart und Gottesherrschaft. Überlegungen zum Zeitverständnis bei Jesus und im frühen Christentum (BThSt 20), Neukirchen-Vluyn 1993.

9 Vgl. H. Merklein, Jesu Botschaft von der Gottesherrschaft. Eine exegetische Skizze (SBS 111), Stuttgart [3]1989.

10 Allerdings bedürfen die sog. Naherwartungslogien einer genauen Untersuchung des jesuanischen und neutestamentlichen Zeitverständnisses; vgl. K. Erlemann, Endzeiterwartungen im frühen Christentum (UTB 1937), Tübingen – Basel 1996.

11 Die Evangelisten haben – mit sehr unterschiedlichen Akzenten – die prophetische Option Jesu für die Zukunft der Basileia als Zukunft der Welt und der Menschen bejaht und auf unterschiedliche Weise appliziert: Markus kritisiert die Propheten des Unheils, die in den Wirren des Jüdischen Krieges Konjunktur hatten (vgl. Mk 13), Lukas öffnet den Blick für die individuelle Eschatologie, die im Rahmen der universalgeschichtlichen steht, Matthäus akzentuiert die ethische Verantwortung der Jünger im Jüngsten Gericht, Johannes betont die Heilsgegenwart, die im Zeichen der jenseitigen Heilsvollendung entsteht.

12 Das Motiv ist zweifellos matthäisch, wie schon der synoptische Vergleich zeigt, und verdankt sich einer schriftgelehrten Reflexion des Wirkens Jesu

13 Biblisch-theologisch aufgearbeitet und gedeutet von G. Lohfink, Braucht Gott die Kirche. Zur Theologie des Volkes Gottes?, Freiburg – Basel – Wien 1998, 153-249.

14 Vgl. H. Weder, Die Gleichnisse Jesu als Metaphern (FRLANT 120), Göttingen 1984, 132: „Dieser unscheinbare Anfang ist die notwendige Voraussetzung für die künftige, am Ende der Zeit von Gott herbeigeführte Gegenwart der Basileia in Herrlichkeit."

15 Den Evangelien erschließt sich diese eschatologische Dialektik im Blick auf den Tod und die Auferweckung Jesu. Markus verbindet die gegenwärtige Verborgenheit der Basileia mit dem Messiasgeheimnis (vgl. Mk 8,27ff), das auf die hermeneutische Schlüsselbedeutung des Ostergeschehens hinweist (Mk 9,9); Matthäus reflektiert sie mit Hilfe des Ersten Gottesknechtsliedes (Mt 18,15-21 [Jes 42,1-4]), das die Gewaltlosigkeit und Feindesliebe des messianischen Friedenskönigs präludiert (Mt 21,5 [Jes 62,11; Sach 9,9]), Lukas stellt auf die Solidarität Jesu mit den Armen ab, deren Armut er teilt (Lk 9,58).

16 Vgl. M. Hengel, Nachfolge und Charisma (BZNW 34), Berlin 1968.

17 Sehr deutlich wird dies in den Totenerweckungsgeschichten (Mk 5,21-24.35-43 parr), besonders beim „Jüngling von Nain" (Lk 7,11-17), die an 1 Kön 17,17-24 gemahnen (vgl. Lk 4,25f); offener sind die Bezüge bei der „wunderbaren Brotvermehrung" (Mk 6,35-44 parr; Mk 8,1-9 par; Mt 15,32-39; Joh 6,1-13), die an 1 Kön 17,7-16 erinnert, und bei

der Aussätzigenheilung Mk 1,40-45 parr, bei der man an 2 Kön 5,8-15 (vgl. Lk 4,27) – eher als an Num 12,4ff – denken kann.

18 Für das Johannesevangelium ist es typisch, daß die Wunder Jesu „Zeichen" heißen; vgl. dazu U. Schnelle, Antidoketische Christologie im Johannesevangelium. Eine Untersuchung zur Stellung des vierten Evangeliums in der johanneischen Schule (FRLANT 144), Göttingen 1987 (der einen Umschwung in der deutschsprachigen Forschung zur prinzipiell positiven Einschätzung der Wunder Jesu im Johannesevangelium eingeleitet hat).

19 Vgl. K. Scholtissek, Die Vollmacht Jesu (NTA 25), Münster 1992.

20 Grundlegend erarbeitet von O. H. Steck, Israel und das gewaltsame Geschick der Propheten. Untersuchungen zur Überlieferung des deuteronomistischen Geschichtsbildes im Alten Testament, Spätjudentum und Urchristentum (WMANT 23), Neukirchen-Vluyn 1967.

21 Die Evangelisten haben – mit sehr unterschiedlichen Akzenten – die prophetische Option Jesu für die Zukunft der Basileia als Zukunft der Welt und der Menschen bejaht und auf unterschiedliche Weise appliziert: Markus kritisiert die Propheten des Unheils, die in den Wirren des Jüdischen Krieges Konjunktur hatten (vgl. Mk 13), Lukas öffnet den Blick für die individuelle Eschatologie, die im Rahmen der universalgeschichtlichen steht, Matthäus akzentuiert die ethische Verantwortung der Jünger im Jüngsten Gericht, Johannes betont die Heilsgegenwart, die im Zeichen der jenseitigen Heilsvollendung entsteht.

22 Vgl. K. Scholtissek, Der Sohn Gottes für das Reich Gottes. Zur Verbindung von Christologie und Eschatologie bei Markus, in: Th. Söding (Hg.), Der Evangelist als Theologe. Studien zum Markusevangelium (SBS 163), Stuttgart 1995, 63-90.

23 Zu dieser wichtigen Figur vgl. jetzt W. Kraus, Die Bedeutung von Dtn 18,15-19 für das Verständnis Jesu als Prophet: ZNW 90 (1999) 153-176.

24 Vgl. R. Schnackenburg, Die Person Jesu Christi im Spiegel der vier Evangelien (HThKNT.S4), Freiburg – Basel – Wien 1993, 301-307.

25 Vgl. R. A. Horsley – J. S. Hanson, Bandits, Prophets and Messiahs, Minneapolis 1985.

26 Vgl. H. v. Campenhausen, Kirchliches Amt und geistliche Vollmacht in den ersten drei Jahrhunderten, Tübingen ^{2}1963; G. Dautzenberg, Urchristliche Prophetie (BWANT), Stuttgart 1975.

27 Vgl. Th. Söding, Die Schriftinspiration in der Theologie des Westens, in: Neutestamentliche Anmerkungen, in: U. Luz (Hg.), Auslegung der Bibel in orthodoxer und westlicher Perspektive. (WUNT 130), Tübingen 2000, 169-205: 198f.

28 Zur Seite steht ihm Lukas mit der Apostelgeschichte. Die Pfingstpredigt des Petrus wird als ein erster Beleg jenes prophetischen Redens angesehen, das Joel (3,1-5^{LXX}) dem Gottesvolk für die Endzeit verheißen hat (2,16-36). Später gibt es einzelne Prophetinnen und Propheten, die hel-

fen, daß die Kirche ihren Weg in Jerusalem, Judäa und Samarien bis zu den Grenzen der Erde (Apg 1,8) findet (13,1; 15,32; 21,9.10).

29 Zur Auslegung vgl. U. Wilckens, Der Brief an die Römer III (EKK VI/3), Neukirchen-Vluyn 1982, 14.

30 Vgl. H. Merklein, Der Theologe als Prophet. Zur Funktion prophetischen Redens im theologischen Diskurs des Paulus: NTS 38 (1992) 402-429.

31 Vgl. H. Schürmann, „... und Lehrer". Die geistliche Eigenart des Lehrdienstes und sein Verhältnis zu anderen geistlichen Diensten im neutestamentlichen Zeitalter (1977), in: ders., Orientierungen am Neuen Testament (KBANT), Düsseldorf 1978, 116-156; ders., Lehrende in den neutestamentlichen Schriften. Ihre Angewiesenheit auf andere geistliche Gaben und ihre Verwiesenheit an andere geistliche Dienste, in: W. Baier u.a. (Hg.), Weisheit Gottes – Weisheit der Welt. FS J. Card. Ratzinger, St. Ottilien 1987, I 419-440.

Udo Zelinka

Nur zu Gast in der Zeit ...

Zeitenwende für die Kirche?

I. Zeit(en)wende?

Über-Gänge an Zeitenwenden besitzen eigenen Reiz.
Ihre seltsame, gleichsam verklärende und doch auch geheimnisumwobene Faszination verzaubert, erstaunt und erschreckt alle diejenigen gleichermaßen, die sie erleben dürfen und dennoch auch oft mühsam durchleben müssen. Vielleicht erinnern sie den nachdenklichen Geist auf nachdrückliche und eigene Weise an seinen ihm eigentümlichen Status als *homo viator* – stets auf Wanderung und Suche nach einem ihm gemäßen Platz innerhalb von Zeit und Raum, an dem er wenigstens vorübergehend Ort und Heimat auf diesem zerbrechlichen Planeten beziehen kann. Dabei erfährt sich der Wanderer – dauernd zwischen Sicherheit und Aufbruch hin und her gerissen – nicht immer als ein „Herakles am Scheidewege", sondern oft genug auf schwankenden Wogen zwischen Skylla und Charyptis.[1]

Zunächst und zuerst begründen Über-Gänge an Zeitenwenden ziel- und handlungsorientierende *Rückschau*.
Resümierend wird das Vergangene – einmal mehr, einmal weniger kritisch – bilanziert und gewichtet: Hoffnungen, Träume und Chancen, gleichermaßen aber auch Fehler, Schwächen und verpaßte Gelegenheiten individueller wie gesellschaftlicher Art kommen in den Blick, werden analysiert, beschrieben und womöglich deutend eingeordnet bzw. gewichtet. Der ernsthaft und (selbst-)kritisch forschende Geist sucht und ermittelt immer und in jedem Bereich erkenn- und spürbare Konsequenzen aus dem Rück-Blick in die Lehren der Vergangenheit und fragt nach sachadäquaten und handlungsorientierenden Leitperspektiven für eine möglichst optimierbare Gestaltung von Gegenwart und Zukunft.

Dabei stehen Mensch wie Gesellschaft in der Gefahr, die Vergangenheit zu verzeichnen – einerseits durch ihre Verklärung als sogenannte „gute, alte Zeit“, was nicht selten zu einer Perhorreszierung künftiger Entwicklungsmöglichkeiten führt, oder aber andererseits durch ihre gänzliche Verfemmung, um dann von der Zukunft gleichsam (quasi-) religiöse Erlösung zu erhoffen. Beide Varianten sind Verzerrungen tatsächlicher Historie.

Sodann richten Über-Gänge an Zeitenwenden den Blick in die *Zukunft*.
Zielperspektiven von Lebens- und Weltgestaltung – seien sie aus fehlgeleiteten oder verpaßten bzw. kalkulierten oder nicht abgeschätzten (Handlungs-)Möglichkeiten der Vergangenheit entstanden, seien sie den nicht seltenen (quasi-) prophetischen (partei-)politischen oder nicht-politischen Visionen erwachsen – können sich öffnen, um die Bestrebungen des Individuums und der Gesellschaft auszurichten und in wie auch immer geartete Entwürfe optimierter oder doch meliorisierter Existenz zu leiten.

Die Zukunft – so gesehen – wird zur nach jeder Seite hin stets *offenen Möglichkeit* für Welt und Mensch.

Hier besteht fast immer die Gefahr, von jedem Blick-Punkt aus scheinbar schlüssige (Zukunfts-)Szenarien jeglicher Couleur zu kreieren. Dies gilt heute im Gegensatz zu früheren Zeiten um so mehr, als die Aussicht auf die rasant wachsenden technischen Möglichkeiten und das teilweise ideologisch anmutende Beharren auf die zukünftig erreichbaren Entwicklungen und/oder Aussichten des Fortschritts spätestens seit Tschernobyl einen großen Teil der Bevölkerung nicht mehr nur zu betören vermögen. Sie haben einem verbreiteten Skeptizismus, wenn nicht gar offenen oder verdeckten, meistens jedoch apokalyptisch anmutenden, globalen Weltuntergangsszenarien Platz gemacht haben. Denn durch die Potenzierung insbesondere des technischen Fortschritts entsteht zunehmend ein Gefühl der Unheimlichkeit, welches durch die Konfrontation der Zivilisation mit sich selbst und ihren Möglichkeiten erzeugt wird und erweckt mehr Angst als Zuversicht. Zukunft gilt – jedenfalls für einen großen Teil des öffentlichen Bewußtseins – nicht mehr als Feld verklärter Hoffnungen und Prospekte, sondern als Ort dunkel erwarteter Katastrophen.[2] Der fast verzweifelte Versuch, die Komplexität der mittlerweile globalisierten Gesellschaft zu reduzieren oder überschaubar zu halten, ist bisher nicht gelungen.

Das bleibt nicht ohne nachhaltige Konsequenzen.
Bereits 1984 hatte der französische Philosoph Jean Baudrillard in einem Vortrag an der Freien Universität Berlin die provozierende These aufgestellt: „Das Jahr 2000 findet nicht statt."[3] Durch den beschleunigten, ständig akzelerierenden sozio-kulturellen Wandel unserer Gesellschaften sei, so der Franzose, ein bestimmter Horizont überschritten und jene Raum-Zeit-Welt verlassen, in welcher Reales möglich war. Zeit-Räume seien durch Globalisierung und Medien entgrenzt, so daß Fakten zentrifugiert würden und Geschichte abhanden komme. „Im Grunde können wir gar nicht vom Ende der Geschichte sprechen, denn *sie wird keine Zeit haben*, ihr Ende zu erreichen. Ihre Wirkungen jagen einander, doch unabwendbar erlahmt ihr Sinn. Schließlich wird sie stillstehen und erlöschen, wie das Licht und die Zeit, wenn sie eine unendlich dichte Masse berühren ..."[4] Dadurch seien zugleich auch Sinn und Sinnhaftigkeit bedroht. „Gerade durch Nachrichten und Informationen drohen Ereignisse und Geschichte zu verschwinden."[5] Was bleibt, ist nicht mehr Geschichte, sondern nurmehr technische Perfektion von Information, die sich in die Vielzahl von unterschiedlichen Codes verflüchtigt.[6] Traditionelle Techniken und Verhaltensmuster sind schnell überholt, das historische Gedächtnis wird relativiert, Berechenbarkeit und Planbarkeit der eigenen wie der gesellschaftlichen Zukunft nehmen ab.[7] In dem Maße, in dem die Wirkungen von Fakten und Ereignissen einander jagen – so die These Baudrillards –, erschöpft sich offenbar ihr Sinn. Die Möglichkeit – nur 15 Jahre nach den Überlegungen Baudrillards –, über ISDN, Internet, Handy oder Fax zeitgleich fast überall präsent sein zu können, potenziert die aufgeworfene Problematik noch einmal um ein Beträchtliches. Das Jahr 2000, weil sinnentleert, findet nicht statt. „Das Ende unseres Jahrhunderts

erstreckt sich vor uns wie ein leerer Strand."[8] Der Mensch bleibt auf der Suche – auch hier stets ein homo viator – und bekommt geradezu handgreiflich vor Augen gestellt, daß er letztendlich nur zu Gast in der Zeit ist.

Um so mehr dienen Über-Gänge an Zeitenwenden – heute mehr denn je – immer auch der Sensibilisierung für die Herausforderungen der *Gegenwart.*
Denn letztendlich bündeln sich Vergangenheit, Gegenwart und Zukunft nur im Auge des im jeweiligen Hier und Jetzt lebenden Betrachters. Ereignisse der Vergangenheit können nur über die Brücke der jeweiligen Gegenwart mit Prognosen, Erwartungen oder Visionen für die Zukunft in Verbindung gebracht werden. Ein Philosoph und Wissenschaftler des Barock formulierte es so: „Die Gegenwart geht mit der Zukunft schwanger und ist mit Vergangenheit beladen." Bild- und geistreicher kann man es kaum ausdrücken.

Das alles verbindende Band nennen wir – gemeinhin etwas lapidar und unehrfürchtig – Geschichte. Es ist stets vom Menschen wahrgenommene, gestaltete und gedeutete Geschichte. Denn „Geschichte waltet nicht, Geschichte wird von Menschen – von uns – gemacht"[9] und wird in all ihren variierenden Darstellungen, Spielarten, Kalkülen und Phantasien rationaler oder emotionaler Provenienz vom jeweiligen Standort der Gegenwart aus betrachtet und gewichtet. Nur wenn man Geschichte auf diese Weise zu lesen vermag, kann man von ihr lernen; nur so wird sie zur „magistra vitae" (Cicero). Zeit auf diese Weise betrachtet, existiert nur in Bildern, die sich der Betrachter von ihr macht – vom gestern, vom heute und vom morgen.

Der Wechsel vom zweiten zum dritten Jahrtausend steht mehr denn jeder andere unter diesem erkenntnistheoretischen Vorzeichen. Er ist für viele zur Metapher für den Über-Gang zur Zukunft schlechthin geworden. Die Erwartungen sind dementsprechend hoch; sie bewegen sich zwischen utopischer Faszination und skeptischer Furcht. Manche davon – insbesondere die (irrationalen) Kassandrarufe esoterischer Provenienz welcher Spielart auch immer – haben sich erledigt.

Das Christentum deutet die Geschichte des Menschen und seiner Welt als eine von Gott getragene und begleitete *Heils*-Geschichte. Trotz aller Brüche, Ecken und Kanten, trotz ungelöster Fragen, Probleme und Rätsel verkündet das genuine Zeugnis der Christen von den Anfängen bis zur Jetztzeit ungebrochen von der steten Gegenwart Gottes durch Jesus Christus in der Zeit. Zu allen Zeiten steht der Gestaltungsauftrag des Christen vor dem Hintergrund der Zusage des Auferstandenen an seine Jünger: „Seid gewiß: Ich bin bei euch alle Tage bis zum Ende der Welt“ (Mt 28,20).

Dieses Wissen entläßt den Jünger zu keiner Zeit aus seiner *Verantwortung für* seine Zeit, d. h. für die *Gestaltung* seiner Selbst und seiner Welt. Sie ist ihm zugemutet; sie ist ihm zugetraut. Das löst zwar weder die Rätsel noch die ungezählten Probleme, die uns aufgebürdet sind, mit denen umzugehen und zu bewältigen wir beauftragt und gezwungen sind. Gleichwohl taucht dieses Wissen die Erwartung *der* Zukunft und die Erwartungen *an* die Zukunft in ein von Zuversicht dominiertes Licht. Gewöhnlich wird diese stete Zuversicht des Christentums *Hoffnung* genannt.

II. Zeit(en)bilder

Zukunftsfähige Gestaltungsperspektiven der Kirche(n) bewegen sich vor diesem Horizont.

Dabei werden sich Kirche(n) und ihre Theologie(n) vor allem daran messen lassen müssen, welche Antworten sie auf die von Baudrillard vermerkte zunehmende Sinnentleerung individuellen und gesellschaftlichen Lebens bereithalten. Hier scheinen die meisten der Problemkomplexe, die Mensch und Gesellschaft heute buchstäblich bewegen, ihre Wurzeln zu haben.

Denn der Mensch von heute lebt eine eigentümliche Dialektik: Glaubt man den Erhebungen und Analysen der (Religions-)Soziologie, ist auch der säkularisierte Mensch einerseits auf der rastlosen Suche nach plausiblen Antworten auf die Frage, die er (sich) selber ist; andererseits aber werden die Sinnangebote, die den Inhalten der tradierten Religiosität

entstammen, in der Regel abgelehnt. Die fehlende Kongruenz zwischen christlich-kirchlichem Sinnangebot und individueller Nachfrage nicht nur vieler jugendlicher Zeitgenossen mündet also nicht in einen Verzicht auf Sinnsuche, sondern vielmehr in ein „Syndrom vagabundierender Religiosität".[10]
Bestes Beispiel dafür ist der Filmmehrteiler „Sturmzeit", den das ZDF kurz vor Weihnachten 1999 zeigte. Er eignet sich als Illustration der aufgezeigten Dialektik insbesondere deshalb, weil kaum eine der insgesamt fünf Episoden ohne die explizite Thematisierung der Theodizee- und Sinnfrage auskommt. Höhepunkt der inszenierten Dramaturgie ist der Kommunist Maksim, welcher innerhalb des Geschehens allenthalben immer wieder den Anbruch neuer Zeiten – die Revolution, also den Zeiten-Umbruch – begrüßt und verkündet. Schließlich am Abend seines Lebens – wohl nicht von ungefähr im Morgenrot der sich ankündigenden Wende im Fall der Mauern – stellt er die Frage: „Wie lebt man richtig?"

Man mag sich zweifelsohne über den „Wert" dieser Verfilmung und auch der Romanvorlage von Charlotte Link streiten können; eines jedoch ist in jedem Fall bemerkenswert: Daß die Sinnfrage auch im Über-Gang zum dritten Jahrtausend einem Millionenpublikum zur besten Sendezeit präsentiert wird. Die Sinnfrage scheint also alles andere als suspendiert.[11]

Damit bestätigt sich eine Tendenz, die der Freiburger Religionssoziologe Michael N. Ebertz in seinem vielbeachteten Buch *Kirche im Gegenwind* so beschrieben hat: Distanz und „Unkirchlichkeit" auch vieler Kirchenmitglieder in Glaubensfragen und Kirchenbesuch, ohne die „Sinnstruktur von Wirklichkeit und menschlichem Leben überhaupt"[12] zu leugnen. Vielmehr wird die Suche danach – ähnlich wie die Werteprioritätensetzung[13] – in die Selbstautorität des Individuums verlagert: „Das Leben hat nur einen Sinn, wenn man ihm selber einen Sinn gibt."[14] M. a. W., auch der Mensch des neuen Jahrtausends verzichtet auf seiner Reise in die stets offene Zukunft nicht auf Sinn und Sinngebung seines

Lebens; aber er sucht Antworten eher unabhängig von der institutionell vermittelten Religiosität. In der Religionssoziologie spricht man von einer tendenziellen Abnahme institutionalisierter Kirchlichkeit bei gleichzeitiger Zunahme außerkirchlicher Religiosität, die als säkularistische Ersatzreligion fungiert.[15] Der Mensch des angehenden dritten Millenniums nimmt sich selbst aus der in christlichen Traditionen interpretierten Welt zurück und beansprucht, seine Lebensdeutung und -gestaltung autonom zu bestimmen. „Viele sagen: Der Abschied betraf allein die Kirche. Nicht den Glauben, nicht Gott, nicht die Religion. Man ist privat religiös.“[16]

Religiosität und religiöse Entwicklung stagnieren also, wie vielfach behauptet wird, keineswegs. Antworten auf das Rätsel des Daseins werden aber nicht mehr oder gar ausschließlich im Raum der Kirche(n) gesucht.

Für die Kirche(n) und ihre Theologie(n) heißt das, daß sie ihr lange Zeit als selbstverständlich angesehenes Monopol auf Sinngebung und -stiftung verloren haben. Sie stehen vielmehr in einer Konkurrenz zu vielen Sinnanbietern auf dem „Markt der Möglichkeiten“ und geraten damit in einen *geistigen Wettbewerb.* Dieser jedoch vollzieht sich unter Bedingungen und Vorzeichen, die nicht mehr von der Kirche bestimmt werden. Überkommene und gewohnte Plausibilitätskriterien greifen nicht mehr ohne weiteres. Der Soziologe Ulrich Beck meint: „Die Deutschen und die Westeuropäer leben nicht in einer Kulturkrise, schon gar nicht im Wertverfall, sondern ihnen droht etwas sehr viel ‚Schlimmeres‘: Das verbale Lob der Freiheit verwandelt sich in Taten und Alltag und stellt damit die Grundlagen des bisherigen Zusammenlebens in Frage. Die ‚Katastrophe‘ ist also, daß wir mehr und andersartige Freiheiten verstehen, anerkennen und verkraften müssen, als im Bilderbuch der gesprochenen und versprochenen, aber nicht gelebten Demokratie vorgesehen ist ... Wir leben unter den Voraussetzungen *verinnerlichter* Demokratie, für die viele Konzepte und Rezepte der Moderne untauglich geworden sind.“[17] Gut 200 Jahre nach der Aufklärung steht der geistige Wettbewerb um die Beantwortung der Sinnfrage also zuerst unter dem Primat individueller Selbstbestimmung. „Die Mehrung der ‚Freiheitsgrade' führte unweigerlich zu Lebensvielfalt. Pluralismus ist charakteristisch für freiheitliche Gesellschaften. Tatsächlich finden sich heute nebeneinander vielfältige Lebensdeutungen (Wer bin ich? Woher komme ich? Wohin gehe ich?) und Lebensstile (Wie gestalte ich mein Leben? Wie gehe ich um mit Geld, Macht, Sexualität?).“[18] Sinnangebote, die diese buchstäblich grund-legende Voraussetzung mißachten, dürften nach nüchterner Einschätzung wenig Zukunftsfähigkeit besitzen.

Das wirkt sich insbesondere – es wurde eben bereits angedeutet – auf dem Feld der Lebensgestaltung aus.
Die Ablösung von den institutionalisierten Formen christlich-kirchlicher Religiosität korrespondiert mit einer Ablehnung der offiziellen kirchlichen Morallehre. Eine richtungsweisende Kompetenz für Antworten auf die Frage nach dem Gelingen humaner Existenz wird ihr größtenteils abgesprochen. Zunehmend mehr Katholiken entziehen explizit ihr Privatleben den Weisungen und Sollvorschriften des kirchlichen Lehramtes. Die Studie des Allensbacher Institutes von 1987, in der es heißt: „Im privaten und moralischen Bereich ist nur gut jeder dritte Deutsche bereit, der Kirche richtungsweisende Kompetenz einzuräumen, unter den 18- bis 24jährigen sogar nur knapp jeder fünfte“, und weiter: „Die Kirche erfährt ... eine Einengung ihres Geltungsbereichs, eine zunehmende Zurückweisung jeglichen Anspruchs auf die Durchdringung der Welt mit christlichen Werten und Verhaltenscodici“[19] hat sich gut zehn Jahre nach ihrer Erhebung mehr als potenziert. Aus Protest und Ablehnung wurde Indifferenz und Gleichgültigkeit: Mittlerweile interessiert nur noch ganz wenige auch kirchlich Gebundene und bestenfalls am Rande, welche Positionen das kirchliche Lehramt in Fragen der Moral einnimmt bzw. vorschreibt.[20] Kirchliche Moraltheologie, in aristotelisch-thomanischer Tradition eigentlich um Antworten auf die Frage nach dem umfassend guten Gelingen menschlichen Lebens bemüht (Eudämonismus), steht im zeitgenössischen gesellschaftlichen Bewußtsein gleichbedeutend für den überaus zweifel-

haften Versuch, den Menschen mit hoch erhobenem moralischen Zeigefinger durch weltfremde Ge- und Verbote die Lebenslust und Lebensfreude zu verderben, mit überkommenen Moralvorschriften den Sinnengenuß im Geiste grämlicher Kasteiung zu verbieten. Darüber hinaus wird gerade der katholischen Kirche nicht selten überhaupt jegliches Interesse an einer umfassenden Verwirklichung je und je eigener und eigenständiger Lebensexistenz des Subjektes abgesprochen. Das von Albert Görres schon 1966 Konstatierte besitzt heute mehr denn je Gültigkeit: „Im Gefühl erleben ... Menschen die Kirche nicht oder nicht nur als Heilsgabe, sondern mehr als Hindernis auf dem Weg zu den Hauptgütern des Menschseins, als Hindernis der Wahrheit, der Gerechtigkeit, des Gewissens, der Liebe, der Freude und der Freiheit. Sie erleben die Kirche als Feindin des menschlichen Glücks, der seelischen Geradheit und Gesundheit, einer wahrhaft humanen Kultur, ja als geheime Gegnerin wirklichen Christentums. Katholizismus wird empfunden als Person und Gesellschaft verformende und bedrohende Macht."[21]

Sicherlich wird man nicht übersehen dürfen, daß sich gerade gegenüber den Bereichen katholischer Sittenlehre Vorurteile und Mißverständnisse konzentrieren, insbesondere in solchen Kreisen, die der Kirche ohnedies fernstehen. Denn die Zeit ist auch an der katholischen Kirche und ihrer Moraltheologie nicht spurlos vorübergegangen;[22] auch bleibt die katholische Kirche nicht unberührt von jenem gesamtgesellschaftlichen Argwohn gegenüber allem Institutionellen.[23] Dennoch scheint es der Kirche offensichtlich schwerzufallen, die Verbindung zwischen dem kirchlich gebundenen Glauben an die christliche Botschaft und den zweifellos drängenden existentiellen Fragen nach einem umfassenden Gelingen menschlichen Lebens auch im privaten Bereich überzeugend und verständlich aufzuzeigen. Die grundlegende Frage stellt sich also, welche Möglichkeiten die Kirche findet, diese Perzeption zu korrigieren und den richtig verstandenen Nexus von kirchlichem Auftrag und berechtigtem Interesse des Individuums nach humaner Selbstverwirklichung für den Zeitgenossen glaubhaft aufzuzeigen. Dabei geht es um nicht mehr und nicht weniger als eine möglichst stimmige Thematisierung und Realisierung des programmatischen Wortes des derzeitigen Papstes: Der Mensch ist der erste und grundlegende Weg der Kirche![24]

Eine letzte Beobachtung in diesem Zusammenhang.[25]
Indem jede Religion, jede Weltanschauung generell Antworten auf die Frage, die sich der Mensch selber ist, zu geben beansprucht, steht sie früher oder später vor dem Problem der Endlichkeit alles Geschöpflichen. Denn Reflexionen über die Sinnhaftigkeit des Lebens – gerade des menschlichen – implizieren immer die Frage nach der Zukunft individuellen Daseins. Schon der zunehmende Event-Charakter, die Erlebnisorientiertheit und die bereits skizzierte Beschleunigung zeitgenössischer Wahrnehmung von Welt und Wirklichkeit thematisieren – wenngleich auch mehr oder weniger unreflex – zugleich auch die Vergänglichkeit endlicher Erlebnisse und Erfahrungen. Wohl kaum ein anderer Zusammenhang ist für den Menschen auf der Suche nach sich selber prägender als das Mit- und Ineinander von Tod und Leben. Hinter jedem Gesicht wartet der Totenschädel; in jedem einzelnen Gen ist die Vergänglichkeit codiert, in jedem Lebensanfang das Ende grundgelegt. Trotz aller Verdrängungen und Verharmlosungen, die in einer erlebnisorientierten Gesellschaft angeboten werden, existiert doch alles Leben von seinem Ursprung her stets nur im „Antlitz des Todes“. Der Tod „drückt dem Leben auch dann seinen Stempel auf, wenn er abschlägig beschieden, wenn der Dialog mit ihm verweigert“[26] wird. Er ist, wie Ernst Bloch meinte, die „härteste Nicht-Utopie“[27], die dem Individuum Fragen aufwirft, die keine noch so raffinierte Überlegung wegdiskutieren oder aufheben könnte.

Und so stimmt es mehr als nachdenklich, wenn in dem Bestseller „Die letzten Tage des Vatikan“ des Lausanner Naturwissenschaftlers Jacques Neirynck zu lesen ist: „Hunderte von Ärzten auf der ganzen Welt leisten das, was eigentlich Priester und Pastoren leisten müßten. Früher war es deren Aufgabe, Sterbende von einem Ufer zum anderen zu begleiten ... Und dann kamen die wirksamen Schmerzmittel und die Intensivstationen. Und ihr habt euch in eure Pfarrhäuser zurückgezogen, überzeugt von eurer wachsenden Nutzlosigkeit. Ihr habt vergessen, daß eure wichtigste Aufgabe ... darin besteht, ... jeden Menschen mit dem Gedanken an seinen eigenen Tod auszusöhnen. Ihr seid auf weltliche Stadtverwaltungen hereingefallen, die Friedhöfe in erbärmliche Randgebiete verbannten, zwischen ein Gaswerk und eine Kläranlage. Ihr habt Christenmenschen wie Hunde sterben lassen, in aseptischen Krankenhäusern, an Schläuche angeschlossen, nur noch ein Packen Zellen, den medizinisches Personal technisch versorgt hat. Ihr habt gedacht, eure Aufgabe zu erfüllen, wenn ihr ihnen eine auf die einfachste Form gebrachte Beichte abnehmt und schnell noch eine Letzte Ölung spendet. *Aber was meint ihr denn wirklich damit, wenn ihr vom ewigen Leben redet oder von der Auferstehung des Fleisches? Manchmal, auf dem Umweg über einen theologischen Text, kommt man dazu, sich zu fragen, ob ihr darin nicht nur blanke Metaphorik seht.* Die Wissenschaft hat eure kategorischen Behauptungen so oft als parasitäre Fehlurteile entlarvt, *daß ihr selbst schon an allem zweifelt, sogar am Wesentlichen, am Unvergänglichen*, und ihr legt euch Schlupflöcher an, die ihr mit Phrasen tarnt".[28] Wendet man diese Vorwürfe aus der Feder des Romanciers in einen *(pastoral-)theologischen Anspruch*, so heißt das in den Worten Eugen Bisers: „Wenn das Christentum etwas taugt, dann muß es mir in der Sterbestunde behilflich sein, dann muß es mir in jener entscheidenden Stunde die Angst aus der Seele nehmen."[29]

Um Mißverständnisse zu vermeiden – eine vorschnelle und unreflektierte „Himmelseuphorie" wie sie dem Christentum insbesondere von der Religionskritik des 19. und beginnenden 20. Jahrhunderts (Friedrich Nietzsche, Ludwig Feuerbach, Karl Marx, Sigmund Freud usw.) vorgehalten wurde, ist keine Antwort auf die Frage, die der Tod stellt. Gleichwohl aber müssen sich die christliche Kirchen in der Tat die nüchterne Nachfrage gefallen lassen, ob nicht die Interessenkonzentration auf Probleme der konkreten Lebensbewältigung – so wichtig sie auch sind und bleiben – zu einer doch weitgehenden Verdrängung der fundamentalen und existentiellen Frage nach der Zukunft *individuellen – meines* – Lebens geführt hat. Paul M. Zulehner spricht von der Jenseitsverschwiegenheit der Kirche(n).[30] Diese Frage wird um so drängender als erst der gestalteten Begegnung mit dem Tod[31] jene Lebensmöglichkeiten entwachsen, „die auch die Frage nach dem umfassenden Gelingen humanen Daseins unmittelbar beeinflussen."[32] Der Tod als Lehrmeister des Lebens – ein oft gebrauchtes Bild im Mittelalter. Obwohl keine bekannte Hochkultur auf diesem Planeten darauf verzichtet hat, sich mit dem Ende des Menschen auseinanderzusetzen, befindet sich das Christentum doch in einer einzigartigen Position, denn die Botschaft des Ostermorgens: „Was sucht ihr den Lebenden bei den Toten? Er ist nicht hier, sondern er ist auferstanden" (Lk 24,5f) gehört ins Zentrum christlicher Verkündigung. „Denn das Christentum ist die einzige Religion, die es mit der Gewalt des Todes aufgenommen hat, und in der Konsequenz dessen auch die einzige Religion, die über wesentliche und effektive Mittel der Angstüberwindung verfügt."[33]

III. Zeit(en)gestaltung

Als vorrangige Aufgabe scheint mir deshalb zunächst die Thematisierung der anthropologischen Frage zu sein, die stete transdisziplinäre Erörterung dessen also, was der Mensch *ist*, was er *sein kann* und *sein soll.*[34] Denn die Zukunft des Menschen, die immer zugleich auch die Zukunft der Kirche ist, ist an die richtige Fragestellung nach dem Menschen gebunden. Hier liegt der programmatische Dreh- und Angelpunkt jeglicher christlicher Sinnvermittlung. Die theologische, philosophische, pädagogische, biologische und politisch-soziale Annäherung an das, was wir alle selber sind und stets neu werden wollen, hat m. E. inhaltlich heute mehr denn je christliches Proprium für die Teilnahme am gesellschaftlichen Diskurs zu sein. Die aktuellen Diskussionen etwa zu den bioethischen Problemkomplexen zeigen, daß die Frage nach dem Menschsein des Menschen *die* Gretchenfrage unserer Zeit und Gesellschaft ist. In ihr bündelt sich der Auftrag der Kirche wie in einem Brennpunkt. Denn Religion, Ethik und Metaphysik sind nichts anderes als „nie vollendete Versuche, dieser Frage im Horizont einer Auslegung des Seinsganzen zu begegnen und eine Antwort zu verschaffen.“[35] Im Zentrum steht dabei die Würde der Person, die sich für die Kirche zunächst aus der imago-dei-Formel der Bibel ableitet und im Christusereignis bestätigt und transformierend überboten wird. Dem Menschen wird dadurch gleichsam werbend ein *Indikativ* vor Augen gestellt, dem der Gleichklang von Konjunktiv[36] und Imperativ im Sinne eines *gebotenen* Möglichseins gleichursprünglich folgen und eine Meliorisierung, wenn nicht gar eine Optimierung des Menschseins des Menschen anzielen. Der Indikativ ist kategorisch und entläßt als Konsequenz das Recht jedes einzelnen zum freiheitlichen Lebensentwurf, welches zugleich *Verantwortung für* eine adäquate Lebens- und Weltgestaltung impliziert – in der aktivischen *und* passivischen Sinnrichtung des Wortes Verantwortung. Denn seit jenem für den Menschen so schicksalhaften Geschehen im Garten von Eden wissen wir auch um die Deformation menschlichen Daseins, die die Ursprünglichkeit seiner geschöpflichen Unschuld und Verbindung zum Schöpfer zerstörte und dadurch vom ehemals *eindeutigen Gleichnis Gottes* nurmehr ein *depraviertes Bildnis* zurückließ, welches seinen Ursprung nur noch gebrochen widerspiegelt. Trotz seiner durch und durch optimistischen Sicht des Menschen weiß das Christentum um diesen Mangel,[37] der dem Menschen bleibend anhaftet.

Aus diesem Grund wird der kategorische Indikativ im Zentrum anthropologisch-theologischer Verkündigung immer durch Konjunktiv und Imperativ ergänzt – also um das, was der Mensch *sein kann und sein soll.* Andernfalls wird man wohl den stets *unabgeschlossenen Möglichkeiten humaner Existenz* (Martin Heidegger) nicht gerecht. Denn die struktural vorgegebene Unbestimmtheit des Daseins impliziert eine Fülle offener Möglichkeiten, zu denen neben dem Entwurf eines umfassenden gelungenen Lebens, sprich menschlicher Selbstwerdung, auch die Verfehlung des eigenen Selbst zählt. „Es gibt also diese beiden Bahnen. Nicht nur die, die nach oben führt, sondern auch die andere, die nach unten verweist und die mit der schrecklichen Möglichkeit zu tun hat, daß der Mensch von sich selbst abfallen kann."[38] Der Verweis auf unerschlossene Möglichkeiten im Sinne des konjunktivischen Könnens und des imperativischen Sollens gehört also zur Ganzheitlichkeit menschlichen Selbstentwurfes. Er soll den Menschen auf seiner Suche zu Wegen je größerer Handlungsermächtigung unterstützen und begleiten. Dies vollzieht sich etwa dort, wo dem Menschen geholfen wird, sein ohnehin gelebtes Leben einer reflexiven Überprüfbarkeit zuzuführen; das geschieht auch dort, wo mittels kreativer Phantasie neue Sinndimensionen menschlichen Daseins erschlossen werden; nicht zuletzt geschieht dies dort, wo drängenden Daseinsfragen thematisiert und für innovative Antworten sensibilisiert und geworben wird. An dieser Stelle wird sich wohl in erster Linie die Zukunftsfähigkeit der kirchlich vermittelten Botschaft des Evangeliums entscheiden.

Die Thematisierung der anthropologischen Frage kommt nicht ohne die explizite Frage nach der Grenze aus, die der Tod auch für den Menschen bildet. Schon das Alte Testament benennt diesen Konnex und problematisiert ihn *theo*logisch: „Herr, was ist der Mensch, daß du dich um ihn kümmerst, des Menschen Kind, daß du es beachtest? Der Mensch gleicht einem Hauch, seine Tage sind wie ein flüchtiger Schatten" (Ps 144,3-4). M. a. W., die Grundfrage der Philosophie: „Wer bin ich?", Basis jedweder menschlicher Sinnsuche, wird innerhalb des Zusammenhangs Endlichkeit-Unendlichkeit gestellt. Als mysterium tremendum et fascinosum gleichermaßen „sucht" das Phänomen selbst die Auseinandersetzung mit den besten menschlichen Fähigkeiten und Kräften. Denn nirgendwo sonst tritt die Sinnfrage, der der Mensch von heute nachgeht, deutlicher an ihn heran als im „Antlitz des Todes". Und das hat seinen Grund. Die Begegnung mit dem Tod übernimmt für den Menschen lebensvertiefende und -intensivierende Funktionen – insbesondere dann, wenn sie sich der künstlerischen Gestaltung bedient.

Das ergibt sich allein aus der Tatsache, daß das Wahrnehmen der eigenen Vergänglichkeit, wie immer es auch geschehen mag, menschliches Selbsterleben nicht unverändert läßt. Vielmehr desillusioniert und relativiert, befreit und verdichtet das Wissen um die eigene Endlichkeit das Leben des Menschen – und das heißt doch, es vermenschlicht. Denn in der Erkenntnis, daß der Mensch als kontingentes Wesen lebt und leben muß, wird er zugleich auf die ihm eigenen Handlungsdimensionen in Zeit und Raum verwiesen. Er kann sein Leben nur in einer bestimmte Spanne von Jahren und in bestimmten räumlich definierten Grenzen gestalten. Das setzt ganz vordergründig jeder individuellen oder kollektiven Hybris ihre Grenzen.

Mit dem Wissen um die eigenen Grenzen – und das ist der wesentlich bedeutendere Punkt – aber lichtet sich zugleich auch die Erkenntnis um die Einmaligkeit und Unvertretbarkeit der eigenen Person und entläßt diese in die nicht selten quälende Möglichkeit offener Daseinsentwürfe. Damit aber ist die Frage nach dem „Woraufhin" (Martin Heidegger) eigener Existenz thematisiert, die den Fragenden konfrontiert und einen Appell an die Freiheit eigenverantwortlicher Lebensgestaltung richtet. Durch die buchstäbliche Ein-Sicht in die (auch zeitliche) Begrenztheit seines Lebens, das heute – dem Gras auf den Wiesen gleich – im vollen Saft steht und morgen, kraftlos geworden, verwelkt (vgl. Ps 103), gelangt der Mensch zu jenen Grundhaltungen und Selbstinterpretationen, die sein Leben mit Sinn erfüllen und seine Handlungen als sinnvolle erst ermöglichen.[39] „Was", so fragt sich der selbstkritische Geist, „macht noch Sinn über die Grenze des Todes hinaus"? *Weil* der Tod als sinnbedrohend erlebt wird, als radikale Infragestellung allen menschlichen Einsatzes, drängt gleichursprünglich der Wunsch nach dauerhafter Sinnerfüllung auch über den Tod hinaus ins Bewußtsein der Person und motiviert zur intensivierten Suche nach der Wahrheit eigener Existenz. So seltsam es klingen mag – erst durch die fiktiv vorweggenommene Begegnung mit dem eigenen Tod gewinnt der Mensch Aufschluß über die Wahrheit seines Menschseins und das Leben jene Tiefe und Bedeutung, die für eine recht verstandene Selbstverwirklichung unabdingbar ist. Zugleich aber vermittelt die denkerisch bewältigte Erfahrung mit der Grenze des Todes Kriterien, mit denen sich der gewählte Lebensentwurf auf Stimmigkeit überprüfen läßt. Vor dem Antlitz des Todes eilt der Gedanke voraus auf die eigene Grenze, auf den eigenen Tod, um von hier aus alles zeitlich Gesetzte auf seine den Tod überdauernde Beständigkeit zu prüfen.

Diese Konfrontation bleibt nicht ohne Konsequenzen für die Bewältigung seines Lebens. Es ist hier nicht der Ort, diese Konsequenzen in ihrer Gänze vorzustellen. Ich möchte an dieser Stelle lediglich einige wenige, gleichwohl aber bedeutende nennen.

- Dazu zählt als wichtigste die „Annahme seiner selbst" als ein jeweils geschichtlich-biographisch so und nicht anders Gewordener. „Und die Klarheit und Tapferkeit dieser Annahme bildet die Grundlage alles Existierens."[40] Romano Guardini stellt sie inhaltlich an die Seite der Kardinaltugenden. Der Mensch ist der, der er ist, und kann sein Leben, sein So-und-nicht-anders-Gewordensein nicht von Grund auf korrigieren. Das bedeutet die Einwilligung zum eigenen Sein, die Akzeptanz des einen und einzigen Lebenszyklus, der ihm zugetraut, oftmals auch zugemutet ist; sie bedeutet die Annahme jener Menschen, die in ihm notwendig da sein mußten und durch keine anderen ersetzt werden können; sie bedeutet aber auch „eine neue, andere Liebe zu den Eltern (und Geschwistern, Verwandten, Lehrern, Freunden etc., U. Z.), frei von dem Wunsch, sie möchten anders gewesen sein als sie waren, und die Bejahung der Tatsache, daß man für das eigene Leben allein verantwortlich ist."[41] Zur Aufgabe humaner Selbstgestaltung, die aus der Begegnung mit dem „Antlitz des Todes" rührt, zählt also jene Leistung, die der Entwicklungspsychologe Erik Erikson unter dem Topos *Versöhnung mit der eigenen Lebensgeschichte* verstand. Theologisch gewendet, verbirgt sich darunter nichts anderes als jenes Motiv, welches Nikolaus von Kues in seiner Schrift „De visione Dei" ausgeleuchtet hat – das Motiv der Gotteskindschaft: „*Sis tu tuus et ego ero tuus*; nimm du dich an, dann hast du mich als deinen Helfer."[42]

- Des weiteren eröffnet das „Antlitz des Todes“ das manchmal verzweifelte Wissen darum, daß die wirklich wichtigen und lebensprägenden Entscheidungen in der Regel weder wiederholbar noch revidierbar sind. Es gibt Taten des Menschen, die in ihren Auswirkungen auf sich selbst oder andere nicht mehr zu ändern sind. Das verweist auf den Ernst freiheitlicher Entscheidungsverantwortung, auf die Frage, was zu tun bzw. zu lassen ist. Hier ist der Ort, an dem die praktische Vernunft darauf aufmerksam werden kann, daß Handeln eben nicht der Beliebigkeit unterworfen ist, sondern aufgrund der Unwiederholbarkeit der jeweiligen Situation bejaht oder aber verneint werden muß. Erst dieses Wissen um die Unvertretbarkeit und Nicht-Delegierbarkeit individueller Verantwortung macht das Handeln des je einzelnen wichtig und unersetzbar. Umgekehrt aber macht die Grenze des Todes auch auf den Aspekt schuldhaften Versagens aufmerksam.

- Nicht zuletzt rührt die Begegnung mit dem Tod auch an die Frage nach dem übergreifenden, sinnstiftenden Zusammenhang, der sich in der Frage nach der Zukunft des eigenen Schicksals verdichtet. Zwar darf die Frage, die uns im „Antlitz des Todes“ begegnet, nicht vorschnell mit religiösen Deutungen überzeichnet werden. An dieser Stelle aber drängt sie sich auf. Denn Lebensfragen weisen von sich aus immer wieder über sich hinaus auf den umfassenden Horizont der Gottesfrage. In der Begegnung mit dem Tod wird diese Frage drängend, weil sie nach der Zukunft des eigenen Selbst fragt. Sie stellt sich um so drängender, wenn Leid und Schmerz ein Leben in dieser Welt nur wenig reizvoll erscheinen lassen.

IV. Zukunftsfähig?

Eine Umsetzung dieser Gestaltungsperspektiven muß sich angesichts der bisherigen Überlegungen auf verschiedenen, einander zugeordneten Ebenen vollziehen.

Dabei sind Polarisierungen jedweder Provenienz wenig hilfreich. Im Kirchenbild der Vergangenheit beispielsweise (vermeintlichen) Trost und Handlungsrezepte zu suchen, zielt am Kern der skizzierten Problematik vorbei. Umgekehrt scheinen mir nicht in erster Linie die institutionell-strukturellen Fragestellungen (beispielsweise die Frage der Amtsautorität), wie sie allenthalben sehr rasch und immer zuerst als Grund für die derzeitige Krise des kirchlich verfaßten Christentums genannt werden, korrekturbedürftig. Um es deutlicher zu sagen – abgesehen von den ekklesiologischen Problemen, die sich hieraus ergeben würden –, was würde sich eigentlich ändern? Die eher synodal verfaßten Kirchen der Reformation stehen vor den gleichen Problemkreisen. Freilich würde man sich doch an so manchen Punkten eine konsequentere Anwendung des Subsidiaritätsprinzips, ein stärkeres „Gleichgewicht zwischen ‚globalizing' und ‚localizing'"[43] wünschen. Denn eine „Weltkirche, die sich nur lokal entwickelt, verliert ihren Zusammenhalt. Eine Weltkirche, die nur globale Entwicklung zuläßt, erstarrt in unbeweglicher Uniformität."[44]

Ebenso wenig bildet die Forderung nach mehr „Entertainment" in der Kirche, wie sie von Thomas Gottschalk aufgestellt wurde,[45] eine überzeugende Antwort auf die derzeitige Krise. Denn die professionellen Showmaster der Unterhaltungsindustrie bieten in jedem Fall bessere und aufwendigere Inszenierungen als jeder im pastoralem Dienst der Kirche(n) Verantwortliche. Darüber hinaus zeigen auch die oben angeführten Fakten doch sehr deutlich, daß der Blick der Kirche(n) sich auf die Beantwortung der Frage, die der Mensch (sich) selber ist, konzentrieren muß. Und hier erwarte ich Hinweise eben nicht von den glatten Entmythologisierungen oder scheinbar rational-nüchternen, der säkularisierten Alltagswelt abgeguckten und in den Raum der Liturgie inkulturierten Funktionsabläufen, schon gar nicht von wortlastigen Erläuterungen, sondern vielmehr von den uralten ritualisierten Formen, den existenzerschließenden Erzählungen und Bildern, wie sie gerade die Liturgie der katholischen Kirche über Jahrhunderte aufweist, weil sie vom Odem der Unvergänglichkeit begleitet werden.[46]

Auf der Suche nach zukunftsfähigen Gestaltungsformen, die mit der Sinnkrise aufzunehmen in der Lage sein können, scheint mir daher eine Besinnung auf das eigene Erbe dringend notwendig. In ihren Grunddiensten, *Leiturgia, Diakonia und Martyria*, stehen der Kirche Handlungspotentiale zur Verfügung, um die sie so manche säkulare Institution beneidet. Versucht man eine wenigstens annähernde Übersetzung dieser auch für so manchen Christen doch ungebräuchlichen Begriffe in heutige Sprache, so heißt das: *die erinnernde Feier des übergreifenden Sinnzusammenhangs, solidarisches Handeln und Zeugnis für den Lebenswert und die Unvergänglichkeit des Daseins:*[47]

- Bei allem, was den Gottesdienst in systematischer Reflexion auch kennzeichnet, scheint mir die Erinnerung an die Zusage der bleibenden Gegenwart des Auferstandenen in seiner Kirche, ja deren zeichenhaft-sakramentale Vergegenwärtigung eine der wichtigsten – in früheren Zeiten sagte man: vornehmsten – Aufgaben der Kirche. Im steten paränetischen Kreisen um die vielen Beispiele heilsmächtigen Wirkens Gottes in der Geschichte und den Ursprung ihrer eigenen Existenz durchdringt und vertieft die Kirche die Frage nach dem übergreifenden Sinn. Zugleich vergewissert sie sich selber ihrer Fundamente und erschließt je neu und in variierender Form die letztlich unauslotbare Fülle der im Christusereignis geschehenen Selbstmitteilung Gottes. Aus dem erinnernden Nachsinnen über die Gegenwart Gottes in der Wirklichkeit des Menschen, aus der Begegnung mit dem Mysterium selbst und der Wahrnehmung vom Glauben durchdrungenen Lebens vieler Generationen gläubiger Menschen werden auf diese Weise Modelle sinnvollen Daseins und humaner Existenz erfahrbar, die zwar keine Patentrezepte für die Bewältigung der zahlreichen Problemkomplexe konkreter Lebenswirklichkeit, gleichwohl aber plausible Interpretations- und Erschließungshilfen für das Verstehen und Bewältigen individueller Lebenssituation bereithalten.[48] Aus dem Bewußtsein der hier zugesprochenen Identität im Sinne eines ungeschuldeten Indikativs kann sich der Mensch schließlich als der annehmen, der er nun einmal ist – mit der schmerzlichen Erfahrung seiner oft zu engen Grenzen, mit der immer wieder erlebten letzten Unverfügbarkeit seiner Lebenspläne, mit dem Bewußtsein, sein Leben im „Antlitz des Todes“ führen zu müssen.

- Maßstab und Vorbild christlicher Praxis ist das Handeln Jesu selbst. Der Blick darauf gibt also die Richtung und die Intention für das Handeln des Christen. Sein Handeln ist zutiefst gekennzeichnet durch die Einheit von Verkündigung und Verhalten, die die noch ausstehende eschatologische Vollendung für den anderen antizipiert. Die Vergegenwärtigung des endzeitlichen Heils geschieht bei Jesus im Handeln auf den anderen zu: Mit seiner Existenz *behauptet* er in seinem Handeln Gott als die rettende Wirklichkeit für den anderen. Seine Zuspitzung erfährt dies im Schicksals Jesu selbst, in seinem Tod und seiner Auferstehung, welche für alle, die sich als Jünger in seiner Nachfolge begreifen, konsequenterweise als Ermächtigung verstanden werden muß, ebensolche exemplarische Existenz zu leben und zu bezeugen. Sie erweist sich als *imitatio Christi* darin, inwieweit sie es im Vertrauen auf Gottes rettende Wirkmächtigkeit wagt, solidarisch-kreative Lebensvollzüge mit und für den anderen zu ermöglichen. Christlicher Glaube, der an der Erfahrung der Auferweckung Jesu durch Gott anknüpft, ist daher das *erinnernde Postulat* der rettenden Wirklichkeit Gottes für andere und das eigene Leben. Soweit sich diese Behauptung in solidarisches Verhalten verlängert, ist dieser Glaube selbst Praxis.

- Beide Grunddienste verdichten sich im prophetischen Zeugnis für den Lebenswert und die Unvergänglichkeit des Daseins. Dieses ist insbesondere dort gefordert, wo andere Menschen- und Weltbilder bestimmte (Handlungs-)Konsequenzen nach sich ziehen. Das geschieht insbesondere dort, wo sie mit ihrer Verkündigung all jenen Tendenzen entgegentritt, die dem Ziel einer Optimierung des Humanen zuwiderlaufen. Das christliche Zeugnis ist daher nie politikneutral, weil Politik *um des Menschen willen* betrieben wird. Mit Hilfe seines Menschenbildes öffnet es allfällig verkürzte oder verengte anthropologische Perspektiven des Staates und der Gesellschaft, um äußere Rahmenbedingungen für eine freie Entfaltung der Persönlichkeit im Sinne umfassend guten Lebens zu erreichen. Das Zeugnis der Kirche übernimmt korrigierende und meliorisierende Funktionen im Hinblick auf die jeweils zugrundeliegenden anthropologischen Leitbilder. Dabei richtet es sich auf die Entdeckung und Entwicklung von Verstehenshilfen zur Urteils- und Gewissensbildung, die den jeweiligen politischen, rechtlichen und individuellen Entscheidungen vorgelagert sind. Diese gleichsam aposteriorische Funktion wird durch das präventive und innovative Potential des anthropologisch-theologischen Standortes ergänzt. Es kommt insbesondere bei Überschreitungen der verstehens- und handlungsleitenden Vorgaben warnend und mahnend zur Geltung. Präventiv in dem Sinne, daß schon im Vorfeld Abweichungen und Inkohärenzen angemerkt werden können; innovativ, weil das kreativ-konstruktive Einbringen der spezifisch theologischen Fragestellung jene signifikant sittliche Dimension bewußt hält, deren Inbegriff Verantwortung heißt. Auch deshalb bedarf die Gesellschaft um ihrer eigenen Humanität und um ihrer Menschen willen des authentisch-prophetischen Zeugnisses der Kirche.

Dabei beschränkt sich dieser Grunddienst nicht auf innerweltliche Handlungsoptionen. Das Proprium des Christentums von den Anfängen an weiß um die Relativität von Raum und Zeit und tritt damit jedweder „Diesseitsvertröstung“[49] entgegen. In der Erwartung der „Auferstehung der Toten“ glaubt und verkündet die Kirche einen „offenen Himmel“: Das heißt: Der Tod, jene härteste Nicht-Utopie, von der Ernst Bloch sprach, ist nicht das letzte Wort. „Vielmehr paßt zu ihm das sanfte Bild einer Geburt, hinein in ein Leben mit neuer, letztlich unvorstellbarer Qualität."[50] Denn die Botschaft des Christentums erzählt, obwohl das Kreuz als zentrales Symbol im Mittelpunkt des Glaubens steht und als Skandalon begriffen wurde und wird, letztlich und im Kern von der stets schöpferischen Liebe Gottes, die Leben ermöglicht und jeweils neu schenkt. Sie ist es, die dem Menschen die Weiten einer neuen Daseinsmöglichkeit auch im „Antlitz des Todes" eröffnet.

V. Noch einmal – Zeit(en)wende?

Man wird für die Frage nach einer praktisch-konkreten Umsetzung dieser Gedanken zur Zukunftsfähigkeit vom Systematiker keine Verhaltensrezepte erwarten. Ihm verbleibt höchstens der Verweis auf das „Arsenal" von Instrumentarien, welches der Kirche nach wie vor zur Verfügung steht: die Auseinandersetzung mit dem Zeitgeist in Forschungs- und Bildungseinrichtungen etwa, der Diskurs mit der Welt, um zusammen mit ihrer Wahrheit zugleich auch die Spuren des Heils zu ent-decken; oder aber die wie selbstverständlich gelebten Modelle authentischen Christseins in den Kirchen, den vielen Häusern, Krankenstationen und Altenheimen der Gemeinden vor Ort. Es wäre oft hilfreich, wenn diese Spuren der Gegenwart des Göttlichen in unserer Zeit auch bemerkt würden, statt der Resignation und Klage auch und gerade unter den in der Pastoral Verantwortlichen Raum zu geben. Dennoch ist das alles ist nichts dramatisch Neues; ebenso wenig neu sind die Widerstände, die dem Evangelium entgegengebracht werden. Von der Rede des Paulus auf dem Athener Areopag bis hin zum Beispiel einer Mutter Teresa weiß der Christ (eigentlich) um die Bedingtheiten eines Lebens in der Welt, das aber nicht von der Welt ist (vgl. Joh 17,16). In diesem Sinne ist also keine Zeit(en)wende zu erwarten.

Was aber ist dann zu erwarten?
„Wer zur See fahren will, sagt Antoine de Saint-Exupéry, braucht Menschen, die etwas von Wind und Wellen, von Segeln, Holz und Nägeln verstehen. Fachtagungen dieser Art versammeln eine beeindruckende Anzahl solcher

Schiffsexperten und Fahrensleute. Wer zur See fährt, braucht aber auch einen, der die Sehnsucht nach dem Meer wachhält, fügt Saint-Exupéry hinzu."[51] Vielleicht reicht dies; vielleicht ist nicht mehr verlangt!

Eines aber sollten Christ und Kirche(n) dabei aus dem Bedenken ihrer eigenen Geschichte und den Quellen des Glaubens wissen und nie vergessen: Zeit(en)wenden sind nicht in unserer Hand. Der Mensch kann sie bestenfalls erkennen und nach besten Kräften, nach Wissen und Gewissen gestalten. Letztendlich ist es Gott, der bewirkt (vgl. 1 Kor 12,6). Auch diese Lehre der Vergangenheit gilt für Gegenwart und Zukunft gleichermaßen. Sie gilt insbesondere in das geistliche und geistige Handgepäck all jener Menschen, die sich auf dem Weg der Nachfolge Jesu in den besonderen Dienst gerufen wissen. Denn Mensch, Christ und auch Kirche(n) sind letztlich nur zu Gast in der Zeit ...

1 Vgl. M. Schlagheck (Hrsg.), Leben unter Zeit-Druck. Über den Umgang mit der Zeit vor der Jahrtausendwende, Mülheim 1998; M. Gronemeyer, Das Leben als letzte Gelegenheit. Sicherheitsbedürfnisse und Zeitknappheit, Darmstadt 1993.

2 Detaillierter zu diesem Zusammenhang vgl. U. Zelinka, Menschliche Sicherheitssorge. Zu Ursprung und Ambivalenz eines anthropologischen Grundstrebens, in: K. Arntz / P. Schallenberg (Hrsg.), Ethik zwischen Anspruch und Zuspruch. Gottesfrage und Menschenbild in der katholischen Moraltheologie (SthE 71) Freiburg i. Ue. / Freiburg i. Br. 1996, 270-283, hier: 270-273.

3 Original: „L'an 2000 ne passera pas", Vortrag an der Freien Universität Berlin im Januar 1984, veröffentlicht in: J. Baudrillard, Das Jahr 2000 findet nicht statt, Berlin 1990.

4 Ebd., 13.

5 Ebd., 17.

6 Bestes Beispiel dafür ist die Informationsflut des Internets, die ja kein Wissen zur Verfügung stellt, sondern vielmehr ungeordnete und geradezu gleich-gültige Auskünfte.

7 Vgl. dazu das Themenheft „Die Erlebnisgesellschaft" der Internationalen Zeitschrift für Theologie Concilium 35 (1999) 401-508.

8 J. Baudrillard, Das Jahr 2000 findet nicht statt, Berlin 1990, 27.

9 A. Everding, Kultur und Politik, Festrede zur Eröffnung des Berliner Abgeordnetenhauses am 28. 4. 1993, in: ders., Zur Sache, wenn's beliebt! Reden, Vorträge und Kolumnen, München 1996, 19-28, hier: 20.

10 M. Seitz, Reduzierte Kirchlichkeit und bewegliche Gemeinde. Über das greifbare Erscheinen des christlichen Glaubens in einer religiösen Kul-

tur, in: G. Schmidtchen (Hrsg.), Ethik und Protest. Moralbilder und Wertekonflikte junger Menschen, Opladen ²1993, 313-354, hier: 324.

11 Vgl. dazu auch den höchst aufschlussreichen Artikel von K. Franke, Die Rückkehr des Glaubens, in: Der Spiegel Nr 52 (2000) 112-116.

12 M. N. Ebertz, Kirche im Gegenwind. Zum Umbruch der religiösen Landschaft, Freiburg, Basel, Wien 1997, 74.

13 Das Stichwort lautet hier: Wertewandel: Von Pflicht- und Akzeptanzwerten zu Selbstentfaltungswerten. Vgl. dazu U. Zelinka, Pastoral nach der Wende. Folgen der deutschen Wiedervereinigung für die Seelsorge an Soldaten, in: Militärseelsorge 36 (1994) 65-92, hier: 72-77; ebenso M. N. Ebertz, Kirche im Gegenwind. Zum Umbruch der religiösen Landschaft, Freiburg, Basel, Wien 1997, 40ff; U. Beck, Kinder der Freiheit: Wider das Lamento über den Werteverfall, in: ders. (Hrsg.), Kinder der Freiheit, Frankfurt a. M. ³1997, 9-33, bes. 16ff.

14 Vgl. M. N. Ebertz, Kirche im Gegenwind. Zum Umbruch der religiösen Landschaft, Freiburg, Basel, Wien 1997, 75.

15 M. Seitz, Reduzierte Kirchlichkeit und bewegliche Gemeinde. Über das greifbare Erscheinen des christlichen Glaubens in einer religiösen Kultur, in: G. Schmidtchen (Hrsg.), Ethik und Protest. Moralbilder und Wertekonflikte junger Menschen, Opladen ²1993, 313-354, hier: 323.

16 P. M. Zulehner, Kirchen-Ent-Täuschungen. Ein Plädoyer für Freiheit, Solidarität und einen offenen Himmel, Wien 1997, 9.

17 U. Beck, Kinder der Freiheit: Wider das Lamento über den Werteverfall, in: ders. (Hrsg.), Kinder der Freiheit, Frankfurt a. M. ³1997, 9-33, hier: 11.

18 P. M. Zulehner, Kirchen-Ent-Täuschungen. Ein Plädoyer für Freiheit, Solidarität und einen offenen Himmel, Wien 1997, 35.

19 R. Köcher, Religiös in einer säkularisierten Welt, in: E. Noelle-Neumann, dies. (Hrsg.), Die verletzte Nation. Über den Versuch der Deutschen, ihren Charakter zu ändern, Stuttgart 1987, 164-281, hier: 181f.

20 Ein Beispiel dafür ist der Artikel von H. Meesmann, Kein moralischer Zeigefinger. Die Jugendkommission der Bischöfe schreibt an die Jugendleiter. Aber die kirchliche Sexuallehre interessiert die Adressaten nicht, Publik-Forum 1/2000, 53.

21 A. Görres, Pathologie des katholischen Christentums, in: F. X. Arnold u.a. (Hrsg.), Handbuch der Pastoraltheologie. Praktische Theologie der Kirche in ihrer Gegenwart, Bd. II/1, Freiburg u.a. 1966, 277-343, hier: 248f.

22 Die gesamte neu belebte Diskussion über Tugenden beispielsweise und die Suche nach Grundhaltungen, die der Berufung des Menschen durch Gott entsprechen, weisen moderne christliche Ethik wesentlich als responsorische Ethik aus. Immer geht es um die Frage, auf welche Weise sich das Evangelium authentisch in das je konkrete Leben umsetzen läßt.

[23] Vgl. dazu M. Lütz, Der blockierte Riese. Psycho-Analyse der katholischen Kirche, Augsburg 1999, 18.

[24] Vgl. Johannes Paul II., Redemptor hominis, Nr. 14.

[25] Vgl. zum Folgenden ausführlich U. Zelinka, Im Antlitz des Todes. Zum Zusammenhang von Ethos und Thanatos, in: Grenzgebiete der Wissenschaft 49 (2000) 4, 291-311.

[26] M. Gronemeyer, Das Leben als letzte Gelegenheit. Sicherheitsbedürfnisse und Zeitknappheit, Darmstadt 1993, 16.

[27] E. Bloch, Das Prinzip Hoffnung, Frankfurt a. M. 1985, 1290.

[28] J. Neirynck, Die letzten Tage des Vatikan, Reinbek 1999, 179f (Hervorhebungen von U. Z.).

[29] E. Biser, Der Mensch – das uneingelöste Versprechen, in: H. Hoffmann (Hrsg.), Werde Mensch. Wert und Würde des Menschen in den Weltreligionen, Trier 1999, 143-164, hier: 159.

[30] Vgl. P. M. Zulehner, Kirchen-Ent-Täuschungen. Ein Plädoyer für Freiheit, Solidarität und einen offenen Himmel, Wien 1997, 73.

[31] Vgl. dazu die höchst eindrucksvolle und informative Studie von B. Sill, Ethos und Thanatos. Zur Kunst des guten Sterbens bei Matthias Claudius, Leo Nikolajewitsch Tolstoi, Rainer Maria Rilke, Max Frisch und Simone de Beauvoir (Eichstätter Studien Neue Folge Bd. XLI) Regensburg 1999.

[32] U. Zelinka, Quelle oder Dornbusch! Überlegungen zu den anthropologischen Grundlagen der Evangelischen Räte, in: P. Fonk, ders., (Hrsg.), Orientierung in pluraler Gesellschaft. Ethische Perspektiven an der Zeitenschwelle (SthE 81) Freiburg i. Ue. / Freiburg i. Br., 279-304, hier: 300.

[33] E. Biser, Der Mensch – das uneingelöste Versprechen, in: H. Hoffmann (Hrsg.), Werde Mensch. Wert und Würde des Menschen in den Weltreligionen, Trier 1999, 143-164, hier: 157.

[34] Vgl. zum folgenden U. Zelinka, Begegnungen ... Zum Diskurs zwischen Kirche und Welt, in: ders., (Hrsg.), Über-Gänge – Forum Zukunft – Die Kirche im 3. Jahrtausend (Einblicke. Ergebnisse – Berichte – Reflexionen aus Tagungen der Katholischen Akademie Schwerte Bd. 4), Paderborn 2000, 183-202, hier: 193ff.

[35] H. Jonas, Philosophische Untersuchungen und metaphysische Vermutungen, Frankfurt a. M. / Leipzig 1992, 47f.

[36] Der Begriff „Konjunktiv“ kann in diesem Zusammenhang zu Mißverständnissen führen. Als Modus, mit dem etwas nur mittelbar und ohne Gewähr wiedergegeben, als möglich vor- oder gar als irreal dargestellt wird, insinuiert er zugleich eine gewisse Unverbindlichkeit. Das aber eben ist im Folgenden gerade nicht gemeint. Vielmehr impliziert der in der Geschöpflichkeit des Menschen begründete Indikativ zugleich Möglichkeiten, von denen eine ergriffen werden *muß*, weil der Mensch als Möglichkeit eine Realisierung seiner selbst nur durch Gestaltung seiner selbst und seiner Welt erreichen kann.

[37] Die hier vorausgesetzte Erbsündelehre sieht als Folge der Sünde Adams einen Mangel an übernatürlicher, heiligmachender Gnade bei jedem Menschen, der dem aktuellen Handeln immer schon *vorausliegt* und insofern als transzendentale Bedingung vollkommenen Gelingens der kategorialen sittlichen Handlung anzusehen ist (vgl. P. Fonk, „Die Väter haben saure Trauben gegessen, und den Söhnen werden die Zähne stumpf" (Ez 18,2). Moraltheologische Überlegungen zur Auseinandersetzung mit dem Phänomen Erbsünde, in: S. Wiedenhofer (Hrsg.), Erbsünde – was ist das?, Regensburg 1999, 66-86, hier: 77.

[38] Vgl. E. Biser, Der Mensch – das uneingelöste Versprechen, in: H. Hoffmann (Hrsg.), Werde Mensch. Wert und Würde des Menschen in den Weltreligionen, Trier 1999, 143-164, hier: 151.

[39] Vgl. dazu ausführlich K. Demmer, Gottes Anspruch denken. Die Gottesfrage in der Moraltheologie (SthE 50), Freiburg i. Ue. / Freiburg i. Br. 1993, 25-29.

[40] R. Guardini, Die Annahme seiner selbst, Mainz ^{6}1993 (unveränderter Nachdruck der 5. Auflage, Würzburg 1969), 18.

[41] E. H. Erikson, Identität und Lebenszyklus, Frankfurt/M. ^{13}1993, 118f.

[42] Zitiert nach E. Biser, Der Mensch – das uneingelöste Versprechen, in: H. Hoffmann (Hrsg.), Werde Mensch. Wert und Würde des Menschen in den Weltreligionen, Trier 1999, 143-164, hier: 163.

[43] P. M. Zulehner, Kirchen-Ent-Täuschungen. Ein Plädoyer für Freiheit, Solidarität und einen offenen Himmel, Wien 1997, 28.

[44] Ebd.

[45] Vgl. Publik-Forum 1/2000, 54.

[46] Vgl. dazu ausführlich A. Lorenzer, Das Konzil der Buchhalter. Die Zerstörung der Sinnlichkeit. Eine Religionskritik, Frankfurt a. M. 1981; auch J. Ratzinger, Der Geist der Liturgie. Eine Einführung, Freiburg – Basel – Wien 2000.

[47] Vgl. zum folgenden U. Zelinka, Begegnungen ... Zum Diskurs zwischen Kirche und Welt, in: ders. (Hrsg.) , Über-Gänge – Forum Zukunft – Die Kirche im 3. Jahrtausend (Einblicke. Ergebnisse – Berichte – Reflexionen aus Tagungen der Katholischen Akademie Schwerte Bd. 4), Paderborn 2000, 183-202, hier: 196-201.

[48] Ein Beispiel dafür erörtert ausführlich R. Zerfaß, Spirituelle Ressourcen einer neuen pastoralen Kultur: Wirklichkeitserschließung als Befreiung, in: K. Gabriel, J. Horstmann, N. Mette, (Hrsg.), Zukunftsfähigkeit der Theologie. Anstöße aus der Soziologie Franz-Xaver Kaufmanns (Einblicke. Ergebnisse – Berichte – Reflexionen aus Tagungen der Katholischen Akademie Schwerte Bd. 2), Paderborn 1999, 113-127.

[49] Vgl. P. M. Zulehner, Kirchen-Ent-Täuschungen. Ein Plädoyer für Freiheit, Solidarität und einen offenen Himmel, Wien 1997, 74ff.

[50] Ebd., 85.

[51] K. Backhaus, Evangelium und Kultur. Oder: Vom Bruch einer (über-) lebensnotwendigen Allianz, in: U. Zelinka (Hrsg.), Über-Gänge – Forum Zukunft – Die Kirche im 3. Jahrtausend (Einblicke. Ergebnisse –

Berichte – Reflexionen aus Tagungen der Katholischen Akademie Schwerte Bd. 4), Paderborn 2000, 19-48, hier: 20; vgl. auch A. de Saint-Exupéry, Die Stadt in der Wüste, Frankfurt a. M. [16]1990 (Üb. Franz.), 182f.

Peter Klasvogt

Priester – Visionär und Realist

Zum Dienst und Leben des Priesters heute[1]

„Angenehme Vorstellungen von Dingen,
die noch nicht sind, aber sein werden ...“

Marie Luise Kaschnitz

Angenehme Vorstellungen, zumeist von Dingen, die nicht mehr sind oder doch nie sein werden, sind eher das Sujet der Dichter und Träumer als gerade der Priester. Aber in der Vorläufigkeit der Zeit bereits den Keim des Zukünftigen auszumachen, ohne doch der Gegenwart zu fliehen, dazu bedarf es visionärer, prophetischer Kraft und zugleich genügender Standfestigkeit.

Nun steht der Priester im Allgemeinen nicht gerade im Verdacht, weltflüchtig oder abgehoben zu sein; eher schon, daß er die Wirklichkeit sieht, wie sie ist, aber aufgrund spiritueller Einsicht möglicherweise tiefer schaut und mehr sieht als der Chronist und Augenzeuge.

Unter der Perspektive des Priesters als Visionär und Realist soll hiermit eine oft vernachlässigte Dimension priesterlicher Existenz ins Spiel gebracht werden: eine *syn-optische* Perspektive, Erde und Himmel, Zeit und Ewigkeit, Vorläufigkeit und Vollendung zusammen zu sehen und aufeinander zu beziehen. Vom Priester wird erwartet, daß er mit beiden Beinen auf der Erde steht, verbunden mit all den Menschen in der Gemeinde und auf Augenhöhe mit dem Geschehen seiner Zeit, und daß er zugleich – qua Amt – das Ziel der gemeinsamen Pilgerschaft aller Menschen im Blick hat: das Kommen des Reiches Gottes, die noch ausstehende Vollendung in Gott. Er hat dafür zu stehen, daß alle Schrittfolgen und Aktivitäten der gläubigen Gemeinde daran Maß nehmen und darauf ausgerichtet werden. Als Mitarbeiter des Bischofs ist er derjenige, der über die Grenze der partikulären Gemeinde hinaus den Blick für das Ganze – κατ ολον (kat holon) – haben soll: eine anspruchsvolle Berufung, aber auch ein reizvoller Auftrag, der wieder gebührende Beachtung verdiente.

I. Der Priester – Seismograph für die Erschütterungen unserer Zeit

„Suchst du einen Seismographen für die Erschütterungen der Zeit? Für die positiven wie negativen Entwicklungen des Bewußtseins unserer Epoche, für Gefährdungen wie Aufbrüche. Es ist das Bild des Priesters. Er ist gewissermaßen das Herz des Herrn, das von ihm selbst hineingehalten wird in die Geschichte der Menschheit. Und mit dieser ungeheuren Berufung zur doppelten Sensibilität für den Herrn und für die Menschen, mit denen er sich einsmachen, denen er nahe sein will, ist auch eine hohe Verletzlichkeit verbunden."[2] Mit diesen Worten skizzierte Bischof Klaus Hemmerle 1982 auf einem internationalen Priesterkongreß die Gestalt des Priesters.

Der Priester als Seismograph für die Erschütterungen der Zeit – diese prägnante Ortsbestimmung des Priesters trifft noch immer. Allerdings hat sich die Landschaft, in der diese „Seismographen" aufgestellt sind, dramatisch verändert: sind die Priester weniger und ihr Zuständigkeitsbereich größer, ist der gesellschaftliche Bedeutungsverlust massiver und die Glaubenspraxis in den Gemeinden geringer geworden.

Wo also liegen die Erschütterungen unserer Zeit, die der Priester mit seiner doppelten Sensibilität für den Herrn und für die Menschen ausmachen soll? Wo sind die Klopflaute und Suchbewegungen der Menschen von heute, außerhalb und innerhalb der Kirche? Und wo ist bereits still, aber wirkmächtig Gottes Geist am Werk? In der Gegenwartskultur läßt sich eine Ambivalenz feststellen, an der nicht zuletzt auch die Priester leiden: Wir weisen auf den Himmel – doch alle stieren auf die Erde. Wir erleben eine Renaissance des Religiösen und Sakralen – aber sie geht weithin an den christlichen Kirchen vorbei. Diese Erschütterung soll nachfolgend illustriert werden.

1. Visionen waren nicht häufig. Krisenphänomene

Von Krisen wird in der gegenwärtigen Zeit gern und häufig geredet, vor allem in kirchlichen Kreisen, vorgetragen in der Regel mit leicht resignativem Unterton. Doch dazu besteht kein Anlaß, wenn man *krisis* im Wortsinn als eine Zeit der Entscheidung begreift, in der Weichen gestellt und grundlegende Optionen getroffen werden (müssen). Das setzt jedoch voraus, daß die tektonischen Verschiebungen in unserer zeitgeistigen Landschaft nüchtern und möglichst präzise (eben seismographisch) wahrgenommen werden: wo die christliche Botschaft möglicherweise nicht mehr ankommt, wo sich ihr andererseits bereits neue Türen öffnen.

Phänomen: postmoderne Gesellschaft

- Bevor die EXPO 2000 Ende Oktober ihre Pforten schloß, war ich mit einer Gruppe von Seminaristen noch einmal auf dem Gelände. Das Bild, das sich mir dort eingeprägt hatte, war der schlichte Text auf einer der großen Anzeigetafeln: *„Planet of Visions: 4 Stunden Wartezeit“*. Gedränge vor einem Pavillon, der Visionen und Einsichten verheißt: Prägnanter kann eine Zeitansage kaum ausfallen. Natürlich handelt es sich hierbei lediglich um eine Momentaufnahme, die jedoch gleichwohl ihre Aussagekraft besitzt. Denn während wir im Zeitalter der Beschleunigung leben, in der alles zu jeder Zeit machbar und verfügbar sein muß, warten zigtausend Menschen Tag für Tag geduldig, bis sie eintreten dürfen in jene Halle, von der sie sich glaubwürdige und tragfähige Perspektiven erwarten. Die Warteschlange vor diesem säkularen EXPO-Tempel erinnert an eine Zeitdiagnose aus ganz anderen Tagen: *„In jenen Tagen waren Worte des Herrn selten; Visionen waren nicht häufig. ... Aber die Lampe des Herrn war noch nicht erloschen“ (1 Sam 3,1)*: Es ist die Zeit des Propheten Samuel – der unseren nicht unähnlich. Nach langem, geduldigem Anstehen vor dem Planeten der Visionen gelangte man schließlich unvermutet an die Pforte zum Paradies: „ein gestalteter Garten, in dem die Menschen tanzen“[3]: Die ganze Paradieseslandschaft mit Bäumen, Seen, Tieren ..., im Himmel verwurzelt, hängt von der Decke herab und wächst auf die Erde zu. Und zur Überraschung der Ankommenden wächst derselbe Paradiesesgarten spiegelbildlich von der Erde in den Himmel. Auf den ersten Blick vermag der Besucher gar nicht festzustellen, was das echte und welches das gespiegelte Paradies ist. Was sich von oben, von Gott her schenken will, muß zugleich von unten, im Menschen wachsen. Auf der Suche nach Visionen und Perspektiven wird der Mensch an seine eigene Erinnerung an das verlorene Paradies geführt, in der er sich zugleich eine Ahnung des Himmels bewahrt hat. Aber der Mensch bleibt nicht im Paradies. Der Weg führt ihn hinaus: an den Turm zu Babel, Symbol für das sündhafte und letztlich scheiternde Bemühen des Menschen, sich seine eigenen Visionen und Utopien zu schaffen. Mit dieser Ambivalenz zwischen glückseliger Erinnerung, heimlicher Sehnsucht und unerfüllter Hoffnung wird der Besucher schließlich in eine offene, ungewisse Zukunft entlassen, die sich im richtigen Leben, vor den Toren des Pavillons der Visionen, abspielt.

- Das Phänomen des sinnsuchenden Menschen ließe sich auch an dem anderen Publikumsmagneten auf der Weltausstellung deutlich machen. Auch vor dem hoch gehandelten „*planet m*“ (Bertelsmann) stehen jeden Tag die Leute geduldig 3-4 Stunden an, um sich einen 15minütigen Film anzusehen, der um die lapidare Frage kreist: Woher kommt der Mensch? Es ist bezeichnend, daß der Ausstellungsbetreiber, der Medienriese Bertelsmann, ausgerechnet die Wahrheits- und Sinnfrage stellt – und doch nicht weiter kommen kann, als die verschiedenen Antworten, getreu dem eigenen Selbstverständnis als großen Kommunikator und „Server“, miteinander im Spiel zu halten.

- In diesem Ensemble der großen Pavillons muß auch die Christus-Pavillon genannt werden, der in unmittelbarer Nachbarschaft zum virtuellen „plant m“ einen einladenden, offenen Raum bezeichnet, der täglich bis zu 25.000 Besucher angezogen hat. Die stille, unaufdringliche Präsenz der Kirchen mitten an der *plaza*, dem Marktplatz der Weltausstellung: auch dies ein deutliches Phänomen, daß entgegen der düsteren Prognosen selbsternannter Zukunftspropheten die kirchliche Präsenz auch heute noch faszinierend und anziehend wirkt. Zwar führt die allgemein feststellbare Offenheit für das Religiöse nicht automatisch zu einem Ansturm der Massen in den zeitlos, manchmal auch gestrig wirkenden Innenraum der Kirche; doch hat die christliche Botschaft nach wie vor gute Chancen, sich in unserer perspektivenarmen und zugleich erwartungsvollen Gesellschaft zu Gehör zu bringen. *„Visionen waren nicht häufig. ... Aber die Lampe des Herrn war noch nicht erloschen" (1 Sam 3,1).*

Phänomen: Gemeinde

Angesichts dieser fragmentarischen Zeitdiagnose mag man daher fragen, wie es um die Kirche steht: ob sie diese verdeckte, aber doch vernehmbare Offenheit für das Religiöse wahrnimmt und ob sie ein geeignetes Instrumentarium besitzt, um den freigelegten Suchbewegungen eine Richtung zu weisen. In welcher Verfassung ist insbesondere die Kirche am Ort: Ist sie eine erste Adresse für die Warteschlange derer, die nach Visionen Ausschau halten?

Bei der Aufteilung der Seminaristen auf einige Gemeinden im Rahmen der Predigtausbildung pries einer der Pfarrer seine Kirche an: „Wir haben am Sonntag vier Gottesdienste, in denen Sie predigen können: einen Familiengottesdienst und drei Seniorenmessen." Das klingt zunächst lustig. Aber wer vermag zu ermessen, was es für 26-, 28-, 30jährige Mitbrüder psychologisch bedeutet, wenn sie es in den Gottesdiensten, in den Gremien und Gruppierungen der Gemeinde fast ausschließlich mit Senioren zu tun haben, zumindest kaum Gleichaltrige oder Jüngere in ihrem Zuständigkeitsbereich finden? Dazu ein Brief von einem jüngeren

Mitbruder, der mir nach dem Besuch einer „normalen“ Vorabendmesse von seiner Erschütterung berichtete:

Samstagabend, Vorabendmesse.
Der moderne Kirchbau, mäßig gefüllt,
der Altersschnitt liegt zwischen 60 und 70.
In der ersten Reihe eine junge Familie,
ganz tapfer mit ihren Jung's.
Versteckt am Rand zwei absprungbereite Jugendliche,
Aussiedler wohl und noch nicht mutig genug.
Die Hirtenworte des Bischofs – aus einer anderen Welt:
war wohl nicht oft in einer Kirche – von hinten.
Arme, geduldige Ömchen,
was lassen sie nicht alles über sich ergehen
und bleiben dennoch. Wo sollten sie auch hin?
Und vorn in der Animation
ein sympathischer junger Kaplan. Neupriester.
Wird er davon leben können,
Diener einer sterbenden Kirche zu sein?

Der Priester – Seismograph für die Erschütterungen der Zeit: Der flüchtige Eindruck eines x-beliebigen Sonntagsgottesdienstes irgendwo in Deutschland. Namen und Orte sind austauschbar. Leider. Es ist überall so – mehr oder weniger. Das Kirchenvolk stirbt uns unter den Händen weg – Ebertz nennt es „Vergreisungstendenzen“ –, und wir wehren uns nicht einmal! Natürlich stirbt die Kirche nicht, darüber dürfte schnell Einigung erzielt werden. Aber daß uns das Leben und die Lebendigkeit unserer christlichen Gemeinden weithin unter den Händen zerrinnt und daß dieser Prozeß auch nicht einfach mit ein paar guten Initiativen und Aktionen aufzuhalten ist, diese Sorge treibt doch viele Mitbrüder um.

Phänomen: Presbyterium

Meine Perspektive zielt dabei vor allem auf die Lebenssituation des Priesters, zumal des jungen Priesters: Wird er leben – und woraus wird er leben können in der gegenwärtigen Situation der Kirche? Als Regens begleite ich die angehen-

Diese Karte entnahm ich dem Buch:

....

Wie sind Sie auf dieses Buch aufmerksam geworden?
(Mehrfachnennungen möglich)

Durch
- ❑ Präsentation / Beratung im Buchhandel
- ❑ Internet-Präsentation
- ❑ das Thema
- ❑ Umschlag / Ausstattung
- ❑ Prospekte / Verzeichnisse
- ❑ Rezensionen / Bücherlisten
- ❑ Empfehlung von Freunden / Bekannten
- ❑ Werbung / Anzeigen in

....

- ❑ geschenkt bekommen

Wie gefällt Ihnen dieses Buch?

Inhalt:
❑ sehr gut ❑ gut ❑ gar nicht

Preis-/Leistungsverhältnis:
❑ sehr gut ❑ gut ❑ schlecht

Ihre Meinung über dieses Buch:

....

....

....

Welche Zeitschriften / Zeitungen lesen Sie regelmäßig?

....

....

Welche Themen fehlen Ihrer Meinung nach im Bonifatius-Verlag?

....

....

....

Ihre Altersgruppe?
❑ bis 30 Jahre ❑ 30-45 Jahre
❑ 46-60 Jahre ❑ über 60 Jahre

den Priester in ihrer letzten Ausbildungsphase, und ich höre ihre Befürchtungen, später nur noch in pastoralen Großräumen eingesetzt und auf den Verwaltungs- bzw. sakramentalen Kernbereich priesterlichen Tuns eingeengt zu werden.

In Gesprächen mit Diakonen, die von ihren ersten Gehversuchen in den Gemeinden berichten, gibt es auf die Frage nach frohmachenden Erlebnissen und Erfahrungen vor allem Rückmeldungen aus dem Primärbereich der Seelsorge: eine gelungene Predigt, die erste Taufe, ein persönliches Kondolenzgespräch, auch die Erfahrung guter Zusammenarbeit vor Ort und einem menschlich bereichernden Miteinander im Team. Als belastend erlebten sie vor allem den – in dieser Massivität so nicht erwarteten – Substanzverlust (qualitativ und quantitativ) in den Gemeinden. Zu einer tiefgehenden Verunsicherung trägt darüber hinaus bei, daß sie unterschiedlichen Formen priesterlichen Selbstverständnisses begegnen, in allen Variationen von Mitbrüdern im Dekanats- oder Stadtklerus repräsentiert. Jedes Priesterbild hat seine je eigene Berechtigung, aber auch Begrenzung; aber daß es unter den derzeitigen Amtsträgern keinen ungefragt geltenden *common sense* hinsichtlich der priesterlichen Lebensgestalt gibt, daran tragen besonders die jungen Mitbrüder schwer.

2. Die Lampe war noch nicht erloschen. Hoffnungszeichen

Von den Erschütterungen war die Rede, die der Priester, vielleicht deutlicher als andere, in seinem Umfeld wahrnimmt, freilich nicht allein unter dem Vorzeichen der Abbrüche. Denn es gibt auch eine seismographischen Sensibilität für die Aufbrüche: ein besonderes Gespür dafür, wo sich in Umbrüchen bereits Ermutigendes, Hoffnungsvolles ankündigt, Klopfgeräusche des sich je neu zusagenden und mitteilenden Gottes. Diese prophetische Dimension priesterlicher Existenz gilt es in einem zweiten Schritt anzusprechen, eine besondere Wahrnehmung, wo Gott am Werk ist – in den Zeichen der Zeit, in den gegenwärtigen Ereignissen wie in der eigenen Lebensgeschichte.

Die Nacht wird immer dichter.
Der Herr kommt immer näher.

In einer seiner letzten Predigten prägte der Bischof Hemmerle, selbst schon von Todesnähe gezeichnet, das Wort: *„Die Nacht wird immer dichter. Der Herr kommt immer näher"*[4] In einer Zeit, in der Visionen Mangelware sind – damals wie heute –, legt das Samuelbuch nahe, sich näher am Heiligtum aufzuhalten, hineinzuhören in das Dunkel der Nacht. In eine solche Nacht schickt Gott seinen Propheten; ich sehe ihn im Gewand des Priesters. Gott schickt ihn hinein in das Dunkel seiner Zeit, von der es doch auch heißt, daß die Lampe Gottes noch nicht erloschen war. Der junge, geistlich noch unerfahrene, aber ansprechbare Samuel hält sich dort auf, wo die Lade Gottes ist, Symbol für Gottes Gegenwart. Und dort, mitten im Dunkel, in der Unbestimmtheit der Zeit, erreicht ihn das Wort des Herrn. Gott ruft ihn beim Namen; aber es braucht mehrere Anläufe, bis Samuel versteht, was er hört. Bis er hinter den Worten den Rufenden erkennt: daß Gott es ist, der ihn ruft, und daß er wirklich ihn meint. Die Geschichte von der Berufung des jungen Samuel endet schließlich damit, daß der Prophet sich vor Gott aufrichtet und in das Dunkel hinein antwortet: „Rede Herr, dein Diener hört" – eine Einladung über die Jahrtausende hinweg, es ihm gleich zu tun, in der Bereitschaft, von Gott her Perspektive und Orientierung und Auftrag zu empfangen.

Die Berufungsgeschichte des Samuel hat in mir eine Assoziation an den Franziskusfilm von Franco Zefirelli: „Fratello sole, sorella luna" – „Schwester Sonne, Bruder Mond" wachgerufen: an eine Sequenz, in der die Berufung des jungen Franziskus ins Bild gesetzt und auf den Punkt gebracht wird:

Franziskus, nach seiner schweren Depression von den Eltern zur Kathedrale gezerrt, vor dem Herrgott in Fasson gebracht. Franziskus, wohl drapiert im Sonntagsstaat und unbeweglicher Andachtshaltung. Er kämpft mit Atemnot. Da entdeckt er hinter sich, zusammengedrängt im Halbdunkel der Kirche, die Armen, die in inniger Frömmigkeit singen und

beten. In dem entscheidenden Augen-Blick seines Lebens sieht er plötzlich das Gesicht des gekreuzigten, abermals verlassenen Jesus und stürzt aus der Kirche in einem Akt der Befreiung.
Einige Zeit später, Franziskus hat mittlerweile San Damiano wieder aufgebaut, das Kontrastprogramm: Die einfachen Leute vom Land, die Einfältigen und Armen, bevölkern die armselige Kapelle; ihr Gesang strahlt Wärme und Liebe und Güte aus. Dann ein Schnitt: zur selben Zeit die hohe Liturgie in der Kathedrale von Assisi, seltsam kalt, leer, einsam. Es ist dieselbe Kameraeinstellung wie an jenem denkwürdigen Sonntag im Jahr zuvor: der Platz des Franziskus bleibt leer, und es fehlen die Armen. Die alten, steifen Patrizier sind noch älter und steifer geworden in ihrer Erstarrung. Die wahre, lebendige Gemeinde, so die bedrängende Botschaft des Films, lebt vor den Toren der Stadt: dort, wo eine junge Gemeinschaft in Armut die Liebe lebt.

Was Zefirelli hier mit filmerischen Mitteln herausarbeitet, ist die Berufung des Franziskus in der persönlichen Gottesbegegnung – in einem alles andere als berufungsfördernden Kontext. Und doch ist gerade eine erstarrte Kirche der Ort, an dem Gott den Franziskus zur Mitarbeit und Erneuerung seiner Kirche beruft. Unbeschadet einer genaueren Prüfung, ob die Deutung des Films dem historischen Franziskus und seiner Berufung gerecht wird, fordert der Film zur Auseinandersetzung mit der eigenen Berufungsintuition und dem, was daraus geworden ist, heraus. So liest sich die Botschaft des Films als Hinweis, für die Bewältigung der gegenwärtigen Lebensgestaltung an die eigenen Ideale anzuknüpfen. In der Diktion der deutschen Bischöfe: „Geistlich also, d. h. von der Mitte des Glaubens und der Gabe unserer Weihe her, haben wir sowohl die inneren wie auch die äußeren strukturellen Probleme des Priesterseins heute anzugehen."[5]
Wer mit der eigenen Existenz heute neu buchstabieren will, was Priestersein heißt – möglicherweise auch nach 20, 30 Priesterjahren –, sollte es daher nicht von der Begrenzung und von der Belastung her tun; fruchtbar wird diese Auseinandersetzung mit sich selbst erst im Blick auf die eigenen Ressourcen, die ursprüngliche Motivation. Spannend ist

allerdings, wie diese unter veränderten Bedingungen durchgehalten und je neu zur Entfaltung gebracht werden kann.

Spiritualität und Kommunität. Berufungen in der Kirche

Hoffnungszeichen zeigen sich auch bei denen, die heute an die Pforten der Priesterseminare klopfen. Die klassische Meßdienerkarriere – von der Schule ins Seminar und durchgereicht bis zur Priesterweihe – findet sich kaum noch unter den Berufungsgeschichten der aktuellen Kandidaten. Es ist immer wieder erstaunlich und nötig Respekt ab, mit welchem Ernst und welcher Entschiedenheit, aber auch Begeisterung und innerer Zufriedenheit heute jemand Priester werden will. Oft ist es das Ergebnis eines langen Lebensweges: mit Abbrüchen, Umwegen, sehr persönlichen Lebenserfahrungen. Die Bewerber haben häufig bereits in einem Vorberuf sehr gut verdient, sich angesehene Stellungen erarbeitet und dabei oft hohe Kompetenzen erworben. Unter den heutigen Seminaristen finden sich auch zunehmend solche, die früher einmal aus der Kirche ausgetreten (und aufgrund von Bekehrungserlebnissen wieder eingetreten) oder vor geraumer Zeit zum katholischen Glauben konvertiert sind. Manchen haben sich gegen den Widerstand der Eltern oder des persönlichen Umfeldes für den Priesterberuf entschieden, und ein beträchtlicher Teil kommt aus geschiedenen Ehen. Das führt zu komplizierten, gelegentlich auch komischen Konstellationen, wenn etwa zur Admissio oder Weihe Vater und Mutter der Kandidaten jeweils mit ihren neuen Lebenspartnern auftauchen und im Speisesaal oder in der Kirche strategisch so gesetzt werden müssen, daß alle die angespannte Situation einigermaßen unbeschadet überstehen. Das klingt lustig, läßt aber zugleich die Lebensleistung vieler Seminaristen ermessen – was nicht heißt, daß sie allein deswegen schon in jedem Fall für den Dienst in den Gemeinden geeignet sind.

Auffällig ist bei heutigen Bewerbern für das Priesteramt ein neues Selbstbewußtsein, das sich der eigenen Minderheitensituation in der Gesellschaft bewußt, gleichwohl aber von der Richtigkeit der erworbenen Glaubensposition überzeugt ist. Was sie an der Lebensentscheidung für das Priesteramt und dem damit verbundenen Lebenseinsatz reizt, ist primär die:

- *Faszination Gott*: Meist steht eine sehr persönliche Glaubens- und Gotteserfahrung hinter dem Wunsch, Priester zu werden, die zunehmend von geistlichen Ereignissen (Weltjugendfest, Firmung ...) oder geistlichen Gemeinschaften (Bewegungen), weniger von der Jugendarbeit und dem Gemeindeleben inspiriert ist. Die offenkundigen Veränderungen in der pastoralen Landschaft oder gar düstere Untergangsszenarien wirken in diesem Fall nicht motivationshemmend.

- *Faszination Liturgie*: Die subjektive Glaubens- und Gotteserfahrung, die sich oft genug gegen den allgemeinen Trend behaupten muß, sehnt sich zugleich nach einer Verankerung in einem objektiven, in der Kontinuität der kirchlichen Tradition stehenden liturgischen Rahmen. Der Kult, oft mit archaischen Anmutungen belegt, erscheint als der nicht verfügbare und manipulierbare Ort der Gottesverehrung und Gottesgegenwart. Vor diesem Hintergrund formiert sich ein durchaus missionarisches Bewußtsein, das Heilige auch für andere erfahrbar zu machen.

- *Faszination Gemeinschaft*: Häufig verbinden sich spirituelle Impulse mit der Erfahrung bzw. Sehnsucht nach einer festen, Sicherheit und Bestätigung verleihenden Bezugsgruppe von Gleichgesinnten, oft mit klarem Bekenntnis- und Erkennungskodex. Diese Primärgruppe erscheint als Gewähr, von den Widerständen und Infragestellungen in der Gesellschaft und manchmal auch in der Kirche nicht überrollt zu werden.

- *Faszination Seelsorge*: Nach wie vor sind auch menschliche Nähe und Begleitung ein Hauptmotiv für das Interesse am geistlichen Amt, wobei mehrheitlich die Dimension der geistlichen Begleitung im Vordergrund steht. Gelegentlich ist aber auch der Wunsch nach helfender Nähe, auch in ihrer erbarmenden Dimension, im

Zentrum der Berufungsmotivation. Dies findet man vor allem bei jungen Männern, die in einer caritativen Einrichtung ihren Zivildienst geleistet oder als Missionar auf Zeit eine andere Kirchenerfahrung gemacht haben.

Stichworte wie Identität, Spiritualität, Solidarität und Kommunität umreißen jedenfalls das Motivationsbündel, aus dem sich heute vornehmlich Priesterberufungen speisen. Das wird zu anderen Zeiten nicht gänzlich anders gewesen sein, nur buchstabieren sich die skizzierten Anliegen und Sehnsüchte in einem eher gleichgültigen oder berufungsfeindlichen Kontext heute anders als vor 10 oder 20 Jahren, insofern die Akzeptanz dieses Berufswunsches in der Gesellschaft und insbesondere auch in den Pfarrgemeinden abnimmt.

3. *Die Alten werden Träume haben, und eure jungen Männer haben Visionen. Perspektiven*

Ist einer Zeit, die möglicherweise arm ist an Visionen, aber reich an Menschen, die neugierig und erwartungsvoll nach Orientierungspunkten Ausschau halten, sind die Ausgangsbedingungen für eine Kirche, die in Ihrem Gedächtnis (im wahren Sinn des Wortes) weg-weisende „Worte des Herrn" aufbewahrt, ausgesprochen günstig. Es hätte aber zur Voraussetzung, sich dieser *Worte* neu zu erinnern und sie in die Sprache und den Kontext der gegenwärtigen Zeit zu übersetzen. Das erfordert aber auch eine kirchliche Organisationsform, in der der Priester nicht von vornherein strukturell überfordert ist, sondern genügend Freiräume behält, sich dorthin zu bewegen, wo der Geist Gottes ihm die Türen öffnet. Mancher mag befremdet ablehnen, diese strukturelle Kärrnerarbeit mit Begriffen wie Vision und Inspiration in Verbindung zu bringen, doch ist die Schaffung angemessener Rahmenbedingungen erst die Voraussetzung, daß die Worte des Herrn angemessen und vernehmbar ins Heute der Zeit verkündet werden.

Strukurelle Neuordnung pastoraler Lebensräume

Angesichts schwindender personeller und finanzieller Ressourcen sind die beiden Großkirchen in Deutschland (wie nicht anders in Österreich und der Schweiz) herausgefordert, zu einer Neuordnung der pastoralen Räume zu kommen; Soziologen sprechen von Netzwerkmodellen (Hochschildt). Die Zusammenlegung mehrerer Gemeinden zu einer Seelsorgeeinheit ist in der Regel von Trauerprozessen begleitet: Abschiednehmen von der gewohnten Gestalt der autarken Territorialgemeinde, was oft mit dem Verlust des Priesters am Ort, der Gottesdienste in der eigenen Kirche oder der finanziellen Eigenständigkeit und Verwaltungshoheit einhergeht. Diese Verluste kann man in der Tat beklagen. Man kann aber auch in ressourcenorientierter Sicht nach den Chancen einer Umstrukturierung zu größeren pastoralen Räumen fragen: unter der Rücksicht der Verkündigung und der Sammlung glaubender und sinnsuchender Menschen. Aus der Vogelperspektive zeigen sich Zusammenhänge und Einblicke, die der Sicht innerhalb des einzelnen Segments eines pastoralen Raumes verwehrt sind: etwa daß wir es mit einer „mobilen Gesellschaft" (Tebartz-van Elst) zu tun haben und der einzelne nicht nur in seinem Wohn- (=Schlaf)raum, sondern in seinem differenzierten Lebensraum angesprochen und seelsorglich wahrgenommen werden will, was die Grenzen der territorialen Kleinstpfarrei übersteigt; daß in einem größeren pastoralen Raum Differenzierung der Angebote und Spezialisierung der Seelsorger (entsprechend ihren Begabungen und Begrenzungen) möglich ist. Anstatt die Abbrüche volkskirchlicher Strukturen zu beklagen, erlaubt diese Perspektive ein unverstelltes Fragen nach den *Zeichen der Zeit* und dem Willen Gottes, der sich ja auch in der gegenwärtigen Umbruchsituation nicht anders denn als Heilswille äußern kann. Derzeit sind in den deutschen Diözesen auf allen Ebenen Bemühungen erkennbar, diese Veränderungen nicht nur notgedrungen vorzunehmen bzw. zu erleiden, sondern bewußt in geistlicher Absicht und pastoraler Verantwortung zu gestalten. Nach Jahren lähmender Lethargie und selbstmitleidiger Klage zeigt sich darin ein qualitativer Fortschritt und ein ermutigendes Signal, die Herausforderungen der Zeit anzunehmen.

Pilger und Konvertiten
Verbindliche Gemeinschaften und geistliche Ereignisse

Auf der Suche nach Hoffnungszeichen und Perspektiven empfiehlt sich auch ein Blick ins Nachbarland Frankreich, wo sich die Kirche schon seit längerem angesichts von Geld-, Gläubigen- und Priestermangel durch ein Tal der Tränen vorarbeitet, dabei allerdings fröhlich pfeifend.

Die französische Soziologin Danièle Hervieu-Léger hat vor diesem Hintergrund darauf hingewiesen, daß dort unter den Christen derzeit veränderte Sozialformen, religiöse Identitäten entstehen: Pilger und Konvertiten.[6] Bei allen gravierenden Unterschieden zur Kirche in Frankreich sind ähnliche Entwicklungen und Trends auch in Deutschland erkennbar, so daß die Analyse von Hervieu-Léger Aufmerksamkeit verdient. Der *Pilger* ist für sie der „Phänotyp des Gläubigen, der seinen Glauben immer weniger selbstverständlich und ausschließlich in einem festen Rahmen von vorgegebenen Orten und Zeiten lebt. Seine an eine Territorialpfarrei gebundene regelmäßige religiöse Praxis ersetzt er durch mehr oder weniger häufige und regelmäßige Besuche von sogenannten religiösen ‚hauts lieux' oder ‚moments forts'"[7] – herausgehobenen Orten und starken Ereignissen. *Konvertiten* sind demgegenüber „Gläubige, deren religiöse Zugehörigkeit einer ‚persönlichen Wahl' entspringt"[8]: die ihre religiöse Zugehörigkeit wechseln; die eine ihnen zusagende religiöse Tradition finden und sich zu ihr bekennen; die eine Religion, in die sie wenig intensiv hinein sozialisiert wurden, neu entdecken, wieder entdecken bzw. in einer intensiveren Form aneignen. „Der Konvertit steht ... für die fundamentale Forderung religiöser Modernität, nach der ‚authentische' religiöse Identität nur eine persönlich gewählte sein könne."[9]

Die Beobachtung läßt sich als Hinweis auf eine allgemeine Sinnsuche in den verschiedenen Formen und in allen Schichten der Gesellschaft lesen. Die religiöse Sozialisation, die formale Verbindung zur eigenen Religion bzw. Kirche, ist unbestritten schwächer geworden; zugleich zeigt sich das Phänomen einer neuen Intensität des religiösen Engagements einzelner. Es ist der Versuch, eine religiöse Identität in ihrer Integralität anzunehmen, was sich auch unter dem Desiderat der Ganzheitlichkeit und Radikalität fassen läßt. Unsere „normalen" Gemeinden sind in der Regel überfordert, solchen intensiv suchenden Menschen Heimat zu geben und sie spirituell zu begleiten; aber es könnte hilfreich sein, solche Orte und Ereignisse zu kennen und auf sie zu verweisen, gelegentlich auch selbst dort Anleihen zu machen und der eigenen Gemeinde über diesem Weg geistliche Ressourcen zu erschließen.

Wenn man näher untersucht, was denn die Faszination und Anziehungskraft solcher „hauts lieux oder moments forts" ausmacht, so stößt man auf zwei Dimensionen, die alle „Belegexemplare" der beschriebenen Phänomene wie ein roter Faden durchziehen: Spiritualität und Kommunität. Am bekanntesten ist sicher das Phänomen *Taizé*, wo eine ökumenisch Brüdergemeinde monastischer Prägung zum Wallfahrtsort zigtausender Jugendlicher wird, und das über Jahrzehnte. Die feierlich und zugleich meditativ gehaltene Liturgie zieht auch heute noch 15- und 18jährige in ihren Bann – natürlich auch jene, die schon vor zwanzig oder dreißig Jahren nach Burgund gepilgert sind. Eine ähnliche Anziehungskraft entwickeln die monastischen *Gemeinschaften von Jerusalem*, die etwa in Paris (S. Gervais), Florenz, Straßburg oder in dem alten Wallfahrtsort Vezelay anzutreffen sind. Es sind Frauen- und Männerkommunitäten, die mit ihrem gemeinsam gesungenen Gotteslob, polyphonal mit östlichen Einschlägen, den alten sakralen Räumen ihre Seele und ihren Glanz wiedergeben.[10] Dasselbe läßt sich jeden Abend in der Kirche S. Maria in Trastevere in Rom beobachten, wo das Abendgebet der *Gemeinschaft S. Egidio,* wie zeitgleich an hunderten anderen Orten in aller Welt. vorwiegend junge Leute anzieht, die auf der Suche nach Authentizität und Spiritualität sind.

Die Stichproben veranschaulichen die These Hervieu-Légers, daß das Geheimnis jener ‚hauts lieux' oft in der Präsenz von Geistlichen Gemeinschaften besteht, die für eine neue Dimension gefeierten und ausstrahlenden Glaubens stehen. Denn an jedem dieser geistlichen Orte geht es nicht um eine spektakuläre Inszenierung, sondern um das Lebenszeugnis von Menschen, die sich zu einer Kommunität des Glaubens zusammengetan haben – und deren Gebet vom Atem der Seele getragen ist. Man könnte auch auf andere „moments forts" verweisen: z. B. die Weltjugendtage, die immerhin die Kraft entwickeln, wie zuletzt im Jubiläumsjahr in Rom zwei Millionen Jugendliche zu versammeln, aber auch die „alten" Wallfahrtsstätten wie Lourdes oder Assisi. Ähnliche Phänomene ließen sich etwa bei der letzten Heilig-Rock-Wallfahrt (Trier) oder im Zuspruch des Geistlichen Zentrums auf den Katholikentagen beschreiben. Hier kommen auch die neuen Geistlichen Bewegungen ins Spiel, die heute vielleicht eine Lücke schließen, die im letzten Jahrhundert die vielen Ordensgründungen ausgefüllt haben; nur daß es sich im Prinzip um „Massenbewegungen" handelt, quer durch Altersschichten, soziale Gruppen und Stände.[11] In unserem Kulturraum wäre vielleicht noch auf eine dritte Kategorie zu verweisen: nach außen geschlossen auftretende und nach innen stabilisierende Gruppierungen wie Opus Dei, Legionäre Christi, Marianische Priesterkongregation, Jugend 2000, Christusbruderschaft oder auch der Zustrom nach Medjogorie ..., die Suchenden Halt und Fragenden Antwort zu bieten scheinen.

Spiritualität und Kommunität, geistliche Ereignisse und verbindliche Gemeinschaften: Was sich, für viele überraschend, als Zielpunkt von Suchbewegungen der Postmoderne präsentiert, müßte die Kirchen aufhorchen lassen. Denn die Pilger und Konvertiten unserer Zeit verweisen auf den Schatz, den die Kirche seit Jahrhunderten durch die Zeiten trägt. Oft sind es gerade jene, die sich an dem Gegebenen, den Eingefahrenen und Verfestigten stoßen, die zugleich offen sind für das Wehen des Geistes, aber eine Hermeneutik und verstehende Begleitung brauchen. Hier muß sich auch die prophetische Kraft priesterlicher Existenz erweisen:

inwieweit es gelingt, das kritische Potential für den Aufbau des Reiches Gottes zu nutzen und konstruktiv in den Dienst an Gott und den Menschen einzubinden. Wer selbst mit einer Hoffnung und einer Verheißung unterwegs ist, wird sich leichter tun, ohne Scheuklappen danach zu fragen, was an Hoffnungspotential auch in dem vordergründig Hoffnungslosen steckt.

II. Gott umarmt uns durch die Wirklichkeit
Eine Umfrage unter Priestern

Angesichts der gegenwärtigen Verunsicherungen hinsichtlich eines verbindenden Priesterbildes hat es im Erzbistum Paderborn eine zweifache Initiative gegeben. Zum einen hat eine Arbeitsgruppe im Auftrag des Geistlichen Rates „Thesen zum priesterlichen Dienst“ zur Diskussion gestellt.[12] Zeitgleich wurde eine Befragung unter allen Priestern des Erzbistums durchgeführt, wie sie heute ihren Dienst, ihre Berufung, ihre Sendung – und wie ihren Alltag erleben. Was macht den Priestern zu schaffen, wofür setzen sie ihre Kraft ein, worauf gründet ihre Hoffnung? Und was gibt ihnen in aller Bedrängnis Mut, Gelassenheit, Zufriedenheit? Auf die Frage nach ihrem je persönlichen Priesterbild hat eine unerwartet große Zahl von mehr als 300 Priestern postwendend geantwortet, in zumeist persönlichen, engagierten, in jedem Fall aussagekräftigen Stellungnahmen. Nachstehend sollen einige der Ergebnisse vorgestellt und mögliche Konsequenzen angedeutet werden.[13]

1. Den Priester von seinen Idealen her verstehen

„Wer keine Visionen hat, ist kein Realist.“ Die Einstiegsfrage der Umfrage lautete daher, welches *Ideal* die Priester von ihrem Beruf zeichnen: Was für Priester brauchen wir? Wie müßten die sein, die heute Priester werden? Wie sehe ich mich selbst?

In den Zielvorstellungen herrschte, über alle Altersunterschiede und theologischen Richtungen hinweg, eine erstaunlich große Einmütigkeit: Wir brauchen Priester, die Geistliche, Seelsorger, menschlich reife, in sich stehende und deshalb gewinnende Persönlichkeiten sind (spirituelle, personale, pastorale Kompetenz).

„Versucht man ... Schwerpunkte für Wurzeln und Vision priesterlicher Existenz zu benennen, so könnte man sagen:

☞ 1. Wir brauchen Priester, die ein geistliches, frommes, im Gebet verwurzeltes Leben führen und eine gestaltete Gottes- und Christusbeziehung besitzen.

☞ 2. Wir brauchen Priester, die Ausstrahlung haben, die Fähigkeit zur Deutung der Zeichen der Zeit und kommunikativ-empathische Kompetenz besitzen, sich angemessenen durchsetzen können, gesund und professionell sind.

☞ 3. Wir brauchen Priester, die in Nähe zu den Menschen leben, sie begleiten und ihnen dienend den Glauben in der Tradition der Kirche verkünden" (S. 9).

In einer Welt, in der nichts (oder doch immer weniger) heil und heilig ist, wächst die Sehnsucht nach dem Heiligen – und solchen, die damit in Verbindung stehen und in Berührung bringen. Dies ist offensichtlich nicht nur die Erwartung, die viele, auch nichtkirchliche und nichtglaubende Zeitgenossen an die Priester haben; so beschreiben auch die Priester selbst ihr Idealbild, wohl wissend, daß dies im täglichen Kleinklein verloren geht und durch das eigene Verhalten und die eigenen Schwächen verdunkelt wird. Aber der Sinn für *den* Heiligen, den der Priester in seiner Person repräsentiert und für den er mit der eigenen Existenz werben will, Jesus Christus selbst, steht den Priestern sehr wohl als das verbindende große Ideal vor Augen. Es orientiert sich letztlich an dem Christusbild: der in und mit dem Vater lebt, der den Menschen zugewandt ist, in dem das verheißene Reich der Himmel bereits anbricht.

2. Glut unter der Asche – Zufriedenheit und Begeisterungsfähigkeit

Ein wichtiges und für viele wohl erstaunliches Ergebnis der Umfrage ist die beachtlich hohe Zufriedenheit der Priester mit ihrer Lebensform (7,8 auf einer zehnstufigen Skala). Die meisten Priester interpretieren es selbst so: Wenn es gelingt, zu den tiefen Motivationsschichten des Priesterseins vorzudringen, stößt man hindurch zu einer tieferen Zufriedenheit. Und es zeigt sich tatsächlich ein verläßliches geistliches Fundament für die Gestaltung der Zukunft. Trotzdem ist die häufig feststellbare Unzufriedenheit ein ernst zu nehmendes Oberflächenphänomen (vgl. S. 6f).

Wenn man allerdings den hohen Wert der hier festgestellten Berufszufriedenheit mit der Bereitschaft vergleicht, für den eigenen Beruf zu werben, ergibt sich auf einer Skala von 0 bis 10 ein relativ niedriger Wert von 6,5, der zwischen den Formulierungen „schwach wohlwollend prüfen“ und „zurückhaltend einladen“ angesiedelt ist. (S. 10) Danach befragt, ob sie junge Menschen zum Priestertum ermutigen würden, bringen die Priester viele versachlichende Argumente und Kriterien zur Entscheidungsfindung, aber der überspringende Funke der Begeisterung dessen, der von seinem eigenen Lebensentwurf überzeugt ist, ist wenig zu spüren. Dies ist um so auffälliger, wenn man als Vergleichswert die Frage nach der eigenen Berufsmotivation hinzuzieht. Fragt man die Priester, was sie in ihrer Berufsentscheidung maßgeblich beeinflußt hat, nennen 44 % an erster Stelle priesterliche Vorbilder. Die personale Dimension der Christusnachfolge, auch in dem Beruf des Priesters, ist unübersehbar: „Folge *mir* nach!“; „Ahmt mich nach!“; „Mach’s wie *ich*!“. Die meisten Priester verdanken der direkten Ansprache, daß sie sich selbst seinerzeit auf den Berufungsweg gemacht haben.

Die Synopse der vorgestellten Umfragewerte macht deutlich: Es gibt einen unleugbaren Zusammenhang zwischen dem Zufriedenheitspotential der werbenden Berufsgruppe der Priester und deren spezifischer Nachwuchsrekrutierung. Unbeschadet der Erstzuständigkeit des Heiligen Geistes für die Weckung geistlicher Berufe und die Verantwortung des ganzen Gottesvolkes bzw. der Gemeinde fällt besonders ins Gewicht, ob der Priester junge Leute für das priesterliche Ideal zu begeistern vermag. Die augenfällige Zurückhaltung der Priester in dieser Hinsicht sollte nachdenklich stimmen;

ausgelegt auf unsere visionsarme Zeit: Es gibt viele Samuels, aber wenige Elis.

Auch wenn nach Ausweis der Umfrage die Beratung Jugendlicher durch ihre Priester durchweg vernünftig, wohl überlegt und abgewogen ist: was fehlt, ist die Begeisterung, andere für den eigenen Lebensweg zu begeistern. Das läßt danach fragen, ob nicht die „Glut unter der Asche" bei den Priestern selbst wieder entfacht werden müßte: Wofür bin ich Priester geworden? Was ist aus meinen Idealen, meiner Anfangsbegeisterung geworden? Hier besteht Klärungsbedarf, wie sich der charismatische Aspekt einer priesterlichen Berufung zur priesterlichen Funktion (zum Funktionieren) in der gegenwärtig angespannten Personallage verhält. Inwieweit wird die jugendliche Begeisterungsfähigkeit notwendig von der Ernüchterung im späteren Vollzug abgelöst? Wie können aber auch Ideale durchgehalten und in unterschiedlichen Phasen und Kontexten eingelöst werden? Es muß nachdenklich stimmen, wenn Belastungen wie pastorale Erfolglosigkeit, Vereinsamung inmitten komplexer kommunikativer Bezüge, Bindung von vitalen Energien und Absorption von kreativen Kräften durch die Alltagsbelastung (Verwaltung, Termindruck, Überhang an abzuarbeitenden Vorgängen etc.) zum Erkalten der „ersten Liebe" beitragen.

3. „Mit wachsender Kraft ...": Solidarität und Spiritualität

Der Kirche und insbesondere ihrem lokalen Repräsentanten bläst der Wind gehörig ins Gesicht, bei aller dankbar registrierten Wertschätzung und Anerkennung. Zu den sich rapide verändernden gesellschaftlichen Rahmenbedingungen kom-men auch noch die überfälligen Strukurreformen wie etwa in der Errichtung von Pastoralverbünden als Reaktion auf den Gläubigen-, Priester- und Geldmangel. Kein Wunder, daß die Priester derzeit extremen Belastungen ausgesetzt sind. Hinsichtlich der Frage der Belastungen kommt die Paderborner Studie zu ähnlichen Werten wie in der Hamburger Umfrage.

Die größten Belastungen zeigen sich im Problemkreis Motivation, z.B. mangelnde Wertschätzung von „oben“ und von „unten“, mangelnder Erfolg, Einsamkeit, Grenzen der Leistungsfähigkeit usw., dicht gefolgt vom Problemkreis Strukturen, sprich Verwaltung, Komplexität des Priesterseins, Perspektivlosigkeit in der Diözese ... Fragt man nach den Belastungsquellen (Verursacher), dann ergibt sich folgende Gewichtung: An oberster Stelle stehen kirchliche Verhältnisse und Strukturen (5), dahinter mit deutlichem Abstand die eigene Person (3), Vorgesetzte / Diözese / Rom (2,5), die gesellschaftlichen Verhältnisse (2) und die Mitbrüder (1). Die Quelle der geringsten Belastung, und das mag erstaunen, ist gerade der Primärbereich der Gemeinde (1) (vgl. S. 11f).

In der Paderborner Umfrage wurde nicht nur nach den Belastungen, sondern auch – in ressourcenorientierter Absicht – nach dem Unterstützungspotential gefragt: Was hilft und trägt in schwierigen Zeiten durch? Die Antworten überraschen, denn gerade in Belastungszeiten stoßen die Priester – wiederum über alle Unterschiede hinweg – auf dieselben Ressourcen , die auch für ihre Motivation und Berufungsintuition ausschlaggebend sind: Solidarität, Kommunität, Spiritualität (vgl. S. 13).

„Als tragenden Grund und Kraftquellen nennen Sie vor allem zwei Dimensionen: Es sind andere befreundete Menschen (9) und gelebte Spiritualität (7). Dabei räumen Sie in der Zusammenschau des Unterstützungspotentials hilfreichen Menschen den Platz vor der Spiritualität ein. Weit dahinter folgen die Dimensionen von Selbstmanagement der eigenen Person (1), Entspannung (0,5) und Ihren beruflichen Kompetenzen (0,5)“ (S. 13).

Schließlich wurden die Befragten aufgefordert zu artikulieren, was aus ihrer Sicht für die Lebensform des heutigen Priesters wichtig sei. „Das Schwergewicht legten Sie auf die Herstellung bzw. Veränderung von Strukturen, die nach Ihrer Ansicht bessere alltägliche Rahmenbedingungen priesterlichen Lebens ermöglichen könnten“ (S. 14f). Ganz oben steht in der Rangfolge das Anliegen der Vita Communis

(25 %), gefolgt von dem Wunsch an die Mitbrüder nach einem mitbrüderlichen, menschlichen Umgang (17 %), nach praxisnaher Ausbildung (12 %) und geistlichem Austausch unter Mitbrüdern (10 %). Dabei mag überraschen, daß der Wunsch nach Überdenken der Zulassungsbedingungen zum Geistlichen Amt eher im Hintergrund steht (12 %) und etwa gleich stark ausgeprägt ist wie der Wunsch nach geistlichem Austausch unter Mitbrüdern (10 %).

Der Wunsch nach priesterlicher Vita Communis ist zwar noch keine Aussage darüber, ob alle Befürworter auch konkret eine gemeinschaftliche Wohn- und Lebensform eingehen würden. Aber das Signal ist unübersehbar: Der Wunsch nach mitbrüderlicher Gemeinschaft, nach menschlicher An- und Einbindung und der Einbeziehung des persönlichen Lebensumfeldes in das Arbeitsverhältnis ist unübersehbar.

Die Erhebung „vermittelt den Eindruck, daß der Förderung der strukturellen und personalen Voraussetzungen gelebter Mitbrüderlichkeit höchste Priorität eingeräumt werden muß, wenn Priestern von heute Hilfen für ihr Priestersein zur Verfügung gestellt werden sollen. Vom Bistum erwarten sie, daß es Strukturen bereitstellt, die Praxisnähe und die Orientierung an der Person (nicht der Funktion) des Priesters zu erleichtern und garantieren" (S. 14).

Dabei fällt auf: Entlastung und Unterstützung vermittelt genau das, was auch am Beginn des eigenen Berufungsweges als Faszination und Motivation aufgeleuchtet ist. Es stellt sich die Frage, ob in der Ausbildung wie auch berufsbegleitend – neben der notwendigen Professionalisierung – nicht ein größeres Gewicht auf Spiritualität und Gemeinschaftsorientierung gelegt werden müßte. Dies würde der je ursprünglichen Berufungsintuition näherkommen, die Berufszufriedenheit erhöhen und zugleich die Kapazität der Belastungsbewältigung erhöhen.

Dies geht allerdings nicht zusätzlich und unter Beibehaltung aller anderen pastoralen Aufgaben. Wenn hier eine Priorität zu setzen ist, die den Priester zugleich priesterlicher macht, führt das zu einer Akzentverlagerung. Auch wichtige pastorale Aktivitäten können dann nicht mehr im gleichen Umfang vom Priester geleistet werden. Das bedeutet aber, daß hierfür bei den Gemeindemitgliedern geworben werden müßte, und zwar von diözesaner Stelle aus: Die Gemeinden müssen entdecken, daß sie eine Verantwortung haben und dafür Sorge tragen müssen, daß ihr(e) Priester geistlich und menschlich (über)leben können, auch wenn dies beispielsweise zur Folge hat, daß der Priester nicht mehr am Ort wohnt, sondern etwa mit (einem) anderen in einem Priesterhaus, und daß die größeren Seelsorgeeinheiten von starken Zentren aus seelsorglich betreut werden.

Das bedeutet schließlich auch, zu differenzierten Einsatzmöglichkeiten der Priester zu kommen, die den Begabungen, aber auch Grenzen der Personen gerecht werden. Das Zauberwort in diesem Zusammenhang heißt Personalentwicklung, wobei allerdings besondere Beachtung verdient, was für Erwartungen man mit bestimmten Zusatzqualifikationen freilegt und wie sich die Spezialisierung mit der Notwenigkeit der pastoralen Grundversorgung in der Fläche verträgt.

4. Differenzierter Priestereinsatz – Kernkompetenzen

Die Frage des Priestereinsatzes müßte schließlich die unterschiedlichen Lebens- und Arbeitsphasen der Priester in den Vordergrund rücken. Nach Ergebnissen der Berliner Altersforschung haben ältere Menschen, und hierin gibt es keinen Unterschied zu älteren Priestern, eine Kompetenz im Wesentlichen, die im Allgemeinen zu wenig abgefragt werden. Nach einem Wort des Pianisten Arthur Rubinstein lassen sich zur Kernkompetenz bei alten Menschen drei Dimensionen unterscheiden:

- *Selektion*: „Ich kann nicht mehr alles spielen. Ich konzentriere mich auf das, was mir wichtig ist."
- *Optimierung*: „Was mit wichtig ist, übe ich vermehrt."
- *Kompensation*: „Was ich geübt habe, verstärke ich mit einigen Tricks."

Wenn wir es nach der heutigen Lebenserwartung im Wesentlichen mit drei Priestergenerationen zu tun haben, die durch unterschiedliche Lebens- und Arbeitsdynamiken geprägt sind, könnte dies auch zu einer differenzierten Einsatzplanung kommen. Im Blick auf das Erzbistum Paderborn:

- die 30- bis 45jährigen Vikare, die sich durch höhere Mobilität, Innovationsfreude etc. auszeichnen und einen Schwerpunkt in der Kinder-, Jugend-, Schulseelsorge setzen könnten;
- die 45- bis 60jährigen Pfarrer, die mit ihrer Gestaltungskraft und Verantwortung Kirche am Ort prägen, koordinieren, verwalten, repräsentieren. Ihnen fiele in dieser Phase die Gesamtleitung eines Pastoralverbundes, die Arbeit in den Gremien und Räten sowie die Begleitung der hauptamtlichen Mitarbeiter/-innen zu;
- die 60- bis 75jährigen Geistlichen, die als „Spirituale“ oder Geistliche Rektoren in einem Pastoralverbund für die Kompetenz im Wesentlichen stünden, etwa mit dem Schwerpunkt Einzelseelsorge, Begleitung von Kranken und Sterbenden, Beichtseelsorge.

Ein solch differenzierter Priestereinsatz entsprechend den unterschiedlichen Kompetenzen setzt allerdings voraus, daß ältere Priester rechtzeitig für eine dritte Wirkungsphase in einen entsprechenden pastoralen Lebensraum wechseln (dürfen), in dem sie dann auch alt werden (und wohnen bleiben) können.

Angenehme Vorstellungen ...

„Gott umarmt uns mit der Wirklichkeit“ (Georg Mühlenbrock), und es braucht eine gehörige Portion Realismus, die Wirklichkeit so anzuschauen, wie sie ist. Aber der Priester hat in sich bereits ein Instrumentarium, um das Wahrgenommene im Licht der Wirklichkeit Gottes zu deuten. Dies ist ein höchst geistlicher, insofern visionärer wie realitätsbezogener Vorgang: für den je einzelnen wie für ein Presbyterium als Ganzes. Insofern mag man sich mit Gelassenheit, aber auch Entschlossenheit den herausfordernden und oft auch bedrängenden Fragen des Priesterseins stellen, freilich in einer hoffnungsvollen und zuversichtlichen Perspektive. Es wäre eine angenehme Vorstellung, wenn Priester – Generationen übergreifend und theologische Richtungen hinter sich lassend – miteinander darüber in einen geistlichen und kreativen Austausch einträten – in dessen Verlauf möglicherweise deutlicher zutage tritt, was Gott bereits an Hoffnungszeichen für die Kirche unserer Tage bereithält. „Angenehme Vorstellungen von Dingen, die noch nicht sind, aber sein werden", so beginnt ein Gedicht von Marie Luise Kaschnitz[14], und es endet mit der Verheißung:

„... und wer sagt, daß in dem
undurchsichtigen Sack Zukunft
nicht auch ein Entzücken steckt?"

1 Vortrag auf der Klausurtagung des Priesterrats der Erzdiözese Hamburg, 15. 11. 2000.

2 Klaus Hemmerle, Der Priester heute, Dokumentation zum I. Internationalen Kongreß der Fokolarbewegung für Priester und Ordensleute am 30. April 1982 in Rom, als Manuskript gedruckt, 57.

3 Der EXPO-Guide. Offizieller Führer durch die EXPO, 50.

4 Karlheinz Collas, Nicht Nachlaßverwalter, sondern Wegbereiter. Klaus Hemmerle, Predigten 1993, Aachen, 1994, 108.

5 Schreiben der deutschen Bischöfe über den priesterlichen Dienst, 24. September 1992, 10.

6 Le pèlerin et le converti. La religion en mouvement, Paris 1999; vgl. Nientiedt, HK 8/1999

7 Ebd., 401.

8 Ebd., 410

9 Ebd., 410

10 Vgl. Im Herzen der Städte, Lebensbuch der monastischen Gemeinschaften von Jerusalem, Freiburg 2000.

11 „Die *geistlichen Gemeinschaften* sind eine Sozialform, die besonders für den religiösen Phänotyp des 'Konvertiten' geeignet scheint. Eine Zeitlang standen sie wie Exoten außerhalb bzw. am Rand der verfaßten Kirche. Inzwischen haben sie sich etabliert, sind teilweise auch formal eingegliedert in das kirchliche System, lassen sich in pastorale Aufgaben einbinden, gehen auf kirchliche Ansiedlungswünsche ein ..." (410).

Vgl. Pfingsten 1998; vgl. Paul Josef Cordes: Nicht immer das alte Lied", Paderborn, 1999.

12 Von Gott gerufen zum Dienst an den Menschen. Thesen zum priesterlichen Dienst, Erzbischöfliches Generalvikariat Paderborn, 1999.

13 Gott umarmt uns durch die Wirklichkeit. Bericht zur Priesterumfrage der Diözese Paderborn 1998, Erzbischöfliches Generalvikariat Paderborn, HA Pastorale Dienste – Priesterfortbildung, 1999.

14 Marie Luise Kaschnitz, Steht noch dahin, Frankfurt am Main, 1970.

Christoph Jacobs

Vom Überleben zum Leben

Sechs vordringliche Gestaltungsaufgaben des Wandels in der Pastoral

Wer heute in der Seelsorge arbeitet und den Menschen nahe ist, wird ohne Zweifel schnell den Wandel bemerken und bestaunen, der die Lebenswelten der Menschen von heute erfaßt hat.

Dies gilt auch für die Seelsorge und ihre Strukturen. Die sich verändernden Lebensbedingungen und der Rückgang der zur Verfügung stehenden Priester haben die deutschsprachigen Diözesen dazu veranlaßt, ihre pastoralen Strukturen zu überdenken. Praktisch alle Bistümer haben durch die Schaffung „pastoraler Verbundsysteme“ bzw. sogar durch Zusammenlegungen von Pfarreien unerläßliche Strukturreformen auf den Weg gebracht. Welchen „Namen“ die neuen Struktureinheiten tragen („Pastoralverbund“, „Pfarrverbund“, „Pastorale Einheit“, „Seelsorgsraum“, „Seelsorgsverbund“ usw.) ist zweitrangig. Das angestrebte zentrale Merkmal dieser neuen Strukuren ist die Institutionalisierung von Zusammenarbeit in der Pastoral. Doch die Folgen reichen tiefer.

Selbst wenn die zentralen Aufgaben der Seelsorge in ihrem Kern überhaupt nicht in Frage stehen: Es geht um mehr als um marginale Korrekturen seelsorgerlicher Abläufe. *Die pastoralen Formen der Fortpflanzung des Glaubens und seine strukturellen Wachstumshilfen sind auf dem Boden heutiger Möglichkeiten vermutlich in vielen Aspekten neu zu entwerfen.* Neue Strukturen erfordern neue Kompetenzen bei Priestern und Laien in der Seelsorge.

Dabei wird eines mehr und mehr klar: *Es kann für niemanden ein Ziel sein, den Wandel über sich hereinbrechen zu lassen.* Die Veränderungen in der Pastoral werden alle erfassen: alle Pfarreien, alle Gemeindemitglieder, alle Priester, alle GemeindereferentInnen, alle PastoralassistentInnen, alle Diakone, alle Ehrenamtlichen usw. – auch diejenigen, die früher meinten, die Veränderungen an sich vorübergehen lassen zu können. *Wenn mich mein Eindruck nicht täuscht, kommt dieser Wandel für nicht wenige a) schneller und b) radikaler, als man sich gedacht hat. In einer solche Situation gilt die pastoraltheologisch und pastoralpsychologisch bewährte Formel: Nichtstun schmerzt am längsten!*

Wer unter den veränderten Bedingungen in der Seelsorge nicht nur einfach geduckt *überleben*, sondern wirklich mit Freude *leben* will, steht daher vor der Aufgabe, *den Wandel zu gestalten.* Zwar haben Leben und Glauben der Menschen in den zweitausend Jahren der Kirchengeschichte schon immer tiefgreifende Wandlungsprozesse erlebt; Wandel ist also nicht grundsätzlich neu. Doch was mit Sicherheit anders ist als früher, das sind die Schnelligkeit und Radikalität des Wandels. Und je schneller und radikaler Wandlungsprozesse vor sich gehen, um so größer ist die Herausforderung, diese Veränderungen nicht „einfach so" ablaufen zu lassen, sondern aktiv in die Hand zu nehmen. Durch Zögern setzen sich die Verantwortlichen in den Pfarreien (und in den Diözesen!) mehr und mehr selbst unter Druck. Denn die Umstrukturierungen und ihre Folgen lassen sich nicht „aussitzen". Die Atemlosigkeit von Priestern und Hauptamtlichen ist m. E. nicht notwendig, sondern ein Indikator für den Veränderungsbedarf im eigenen Leben und Handeln.

Die unaufhaltsame und anstrengende Perspektive des Wandels ist allerdings nicht die einzige Wahrheit und schon gar nicht die wichtigste. Im Gegenteil: *Wandel birgt Chancen für neue Facetten des Glaubens und der Pastoral.*

Diese Wahrheit enthüllt sich allerdings nur dem, der es versteht, diese Chancen freizulegen. Wer dabei zurückblickt in die Kirchengeschichte, wird zur Beruhigung oder sogar zur Freude entdecken, daß die Kirche in ihren Gläubigen, in ihren Verantwortlichen, vor allem aber in ihren Heiligen die Herausforderungen der Zeit immer wieder als heilsamen Kairos für die Inkulturation der Frohen Botschaft begriffen hat.

Der Persönlichkeit der Seelsorgerinnen und Seelsorger wird dabei in den nächsten Jahren eine noch größere Bedeutung zukommen als früher. Denn Wandel wird gesteuert über Schlüssel-Personen. Jeder gute Seelsorger weiß: Der wirksamste Weg, Einstellungen und Verhalten von Menschen schnell und wirksam zu beeinflussen, ist das Vorleben eines Modells, das zum Nachmachen animiert. In besonderer Verantwortung stehen dabei diejenigen, denen als Priester das Amt der Leitung zukommt. Darüber hinaus aber auch alle diejenigen Hauptamtlichen, die mit weitreichen Leitungsfunktionen im Dienst der Seelsorge beauftragt sind.

Die aktive Gestaltung des Wandels braucht aus dieser Perspektive den treffsicheren Blick für die vordringlichen *Gestaltungsaufgaben*. Die heutige Gesellschaft und die Organisationsform der Pastoralverbünde setzen dabei die Rahmenbedingungen für die Gestaltungsaufgaben und prägen ihre Akzentsetzung und Dynamik. Und es braucht schließlich eine Focussierung auf das Wesentliche im Angesicht des Wichtigen und den Willen zur Setzung von Zielen und Prioritäten.

Im Blick auf die erlebte und befürchtete Realität der Probleme von Pastoralverbünden und ihrer Verantwortlichen scheinen mir sechs Aufgaben besonders vordringlich zu sein: *Gestaltung der Vielfalt, Würdigung des Vergangenen, Umgang mit Widerständen, Management von Konflikten, Orientierung an den Ressourcen und Wachstum im Glauben.* Diese Gestaltungsaufgaben werden im folgenden thesenartig näher beschrieben:

Dabei geht es darum, für PraktikerInnen vor Ort die strukturellen, personellen und spirituellen Facetten der Arbeit im pastoralen Verbund in Handlungsschwerpunkten anfänglich zu verdichten und zu vereinfachen. Denn selbst wenn keine Patentrezepte mehr existieren (können): Wer Verantwortung trägt, muß gerade jetzt zumindest für den nächsten Schritt handlungsfähig sein bzw. werden.

1 Gestaltung der Vielfalt

2 Würdigung des Vergangenen

3 Umgang mit Widerständen

Vom Überleben zum Leben

Gestaltungsaufgaben auf dem Weg zum Pastoralverbund

4 Management von Konflikten

5 Orientierung an den Ressourcen

6 Wachstum im Glauben

Adressaten der vorgetragenen Überlegungen sind dabei von der Sache her nicht mehr allein die Priester, sondern alle Frauen und Männer, die in der Pastoral Verantwortung tragen. Meine Absicht ist es, in möglichst praxisnaher (und manchmal provokativer) Form Reflexionsprozesse und Handlungsabläufe anzustoßen. Die empirisch gesicherte Erfahrung sagt: Je einfacher die Regeln, desto mehr Nachahmer! *Der Maßstab für das Handeln ist jedoch nicht die Regel, sondern sind die Menschen vor Ort im Pastoralverbund.*

1. Würdigung des Vergangenen

Kein Zweifel: Die Umstellung der Pastoral auf neue Räume, neue Bezugspersonen und veränderte Formen pastoralen Handelns bedeutet auch Abschied von einer überlieferten Gestalt der Seelsorge. Wer dies leugnen würde, täte all denen Unrecht, die ihr Herz und ihre Arbeitskraft in eine Seelsorge investiert haben, die über Jahrzehnte hinweg richtig und wertvoll war. Wer (richtigerweise) die Chancen des Neuen betont, darf nicht vergessen, daß Abschied (notwendigerweise) *zuerst* zu Trauer führt.

Das gilt auch für den Abschied vom bisherigen Bild der Pfarrei und dem bisherigen Bild des Leitungsdienstes. *Dieser Abschied muß ernst genommen, gewürdigt, begangen, ja vielleicht sogar „gefeiert" werden.* Trauer wird leichter, wenn die *Würde des Gewesenen* geschätzt wird. Folgende Tips und Hinweise zum Umgang mit trauernden Menschen dürfen m. E. auch auf die „Trauersituation" der Gemeinden übertragen werden:

- Würdigen Sie das Vergangene. Geben Sie der Trauer über den Abschied den ihr gebührenden Raum.
- Bedenken Sie, daß Sie in der Begegnung mit Trauernden mit Schock, Ärger, Feilschen, Schuldgefühlen und Resignation rechnen müssen.
- Zu den Aufgaben der Trauersituation der Gemeinden und ihrer Diener im Leitungsamt im Angesicht Gottes gehört es:

a) den Verlust des Bisherigen als Realität zu akzeptieren;
b) den Trauerschmerz nicht zu verdrängen, sondern zu erleben und das entstehende Chaos zu strukturieren;
c) die emotionale Energie vom alten Gemeindezustand abzuziehen;
d) die Vergangenheit in die Heilsgeschichte der Pfarreien zu integrieren;
e) sich für das Weiterleben unter veränderten Bedingungen zu entscheiden.

Biblische Beispiele für den Umgang mit Abschied und Trauer gibt es zuhauf im Alten und Neuen Testament. Es gilt, den biblischen Erfahrungen des Abschiednehmens (z. B. von den Fleischtöpfen Ägyptens) und Aufbrechens (z. B. zum Zug durch die Wüste) neu nachzuspüren und fruchtbar zu machen für unsere heutige Situation.

2. Gestaltung der Vielfalt

Ein wesentliches Kennzeichen der Seelsorge in pastoralen Verbünden ist die im Vergleich zu früher *komplexe Vielfalt* der Pfarreien, der MitarbeiterInnen und der zu berücksichtigenden unterschiedlichen Lebenssituationen und Ansprüche. Dies ist für viele Priester, GemeindereferentInnen, Ehrenamtliche und Gemeindeglieder zunächst erschreckend.

Die Herausforderung lautet: Die Vielfalt bewußt annehmen und bewußt gestalten! Dies läßt sich (Gott sei Dank!) im Laufe der Zeit lernen.

Aus theologischer Perspektive können wir uns vergewissern, daß wir an einen *trinitarischen* Gott glauben, der in sich Vielfalt ist, ohne die Einheit zu verlieren. Das Bekenntnis zur Trinität ist das Bekenntnis zu dem einen Gott, welcher in drei Personen *der Liebhaber der Vielfalt par excellence* ist.

Weil die Vielfalt ein Kennzeichen der modernen Gesellschaften ist, haben sich auch die Humanwissenschaften unter dem Stichwort „Komplexität“ damit beschäftigt. Zwei „Gesetze von Komplexität“ haben sich in diesem Zusammenhang als fundamental herauskristallisiert:

- Gesetz 1: Man kann die Vielfalt der Gesellschaft und der Menschen nicht mehr abschaffen. Man muß sie gestalten.
- Gesetz 2: Vielfalt braucht eine bewußte Auswahl: Sinngebung und Prioritätensetzung.

Wendet man diese beiden Gesetze und ihre Auswirkungen auf die Seelsorge in Pastoralverbünden an, so heißt dies:

1. Es *kann* keine pauschalen Rezepte für die Seelsorge in Pastoralverbünden und deren Gliedpfarreien geben. *Jeder Pastoralverbund wird in Zukunft ein Original sein!* Wer nach allgemeingültigen „Anweisungen von oben" sucht, wird vergeblich darauf warten oder sich darüber ärgern (müssen), wenn es welche gibt.
2. Als Leitungsverantwortlicher und SeelsorgerIn darf ich nicht danach streben, die Vielfalt der Menschen und ihrer Ideen und Ansprüche im Pastoralverbund zu reduzieren. Je eindimensionaler das Leben wird, desto eher stirbt es ab.
3. Das zur Zeit erreicht Niveau aus Vielfalt und Komplexität läßt sich nicht mehr meistern durch eine flächendeckend größere Anstrengung der Priester und Laien in der Seelsorge. Die Obergrenze der Belastung ist meist erreicht. Auch die klassische Delegation einzelner Aufgaben im herkömmlichen Sinne wird mehr und mehr unzureichend sein, weil dadurch die Aufgabenlast in einem zu geringen Maße vermindert wird. *Es braucht die Verselbständigung und Eigenverantwortung aller Beteiligten, wobei den Verantwortlichen in Leitungsaufgaben die zentrale Sinngebung und Steuerung der Lebensprozesse zufallen wird.*
4. Kleine isolierte Pfarreien können heute kaum noch für sich allein all die MitarbeiterInnen und Gruppen hervorbringen, die nötig oder wünschenswert wären. Die Suche danach beginnt bei den Organisten und hört bei den Ratsmitgliedern in Pfarrgemeinderat bzw. Kirchenvorstand und schließlich den LeiterInnen im Bereich

Jugendarbeit nicht auf. *Daher braucht es Zusammenarbeit, Austausch, gegenseitige Hilfe und Vernetzung auf allen Ebenen unter den Pfarreien im Pastoralverbund.*

Wer vor der Aufgabe steht, einen Pastoralverbund auf den Weg zu bringen, braucht konkrete Vorstellungen von den zu lösenden Aufgaben und Anhaltspunkte für die Zuordnung zu einem Zeitplan. Als einen ersten Vorschlag möchte ich ein Vier-Phasen-Schema zur Diskussion stellen. Es orientiert sich an dem Ziel, Vielfalt zu gestalten und dabei selbst als Seelsorger *vom Überleben zum Leben* zu kommen:

Phase 1: Information, Kommunikationsaufbau, Investition in das seelsorgliche Team

- Sorgen Sie zuallererst für den Aufbau eines Optimums an Information und Kommunikation unter allen Beteiligten. (Bitte vergessen Sie niemanden, der/die wichtig sein könnte! Wer nichts weiß oder informationsmäßig benachteiligt ist, wird sich nicht beteiligen oder gar Widerstand produzieren. An diesem Punkt werden erfahrungsgemäß bereits am Anfang häufig viele Fehler gemacht.)
- Investieren Sie von Anfang an hohe Energie in ihr gegenwärtiges und zukünftiges Seelsorgeteam. Sie können dort niemals zu viel Engagement zeigen. Es geht nicht um ein Minimum, sondern um ein Optimum der Zusammenarbeit.
- Lassen Sie eine „Kultur des Miteinanders“ entstehen – besonders unter den hauptamtlichen Seelsorgern und Seelsorgerinnen. Regelmäßig gemeinsam zu beten, und hin und wieder gemeinsam zu essen, zu erzählen usw. ist kein Luxus oder unnötiger Ballast, sondern gehört zu den Erkennungszeichen christlicher Lebenskultur. Vergessen Sie auch die Pensionäre nicht!

Phase 2: Harmonisierung von Abläufen, Kreativität im Verwaltungsbereich, Verzicht auf Übererfüllung seelsorglicher Aufgaben

- Harmonisieren Sie die Abläufe wesentlicher seelsorglicher Dienste.
- Werden Sie kreativ im Hinblick auf alles, was Ihnen die Verwaltung erleichtern kann.
- Bilden Sie *entlastende* Spitzen-Gremien mit Puffer-Funktion. Reduzieren Sie umgekehrt Ihre Anwesenheit bei den Standard-Gremien auf das Unbedingt-Notwendige; Sie brauchen nicht unbedingt und überall dabei zu sein.
- Legen Sie „Routine-Abläufe“ im Jahres-, Monats- und Wochenplan fest: „Dienstbesprechung“, „Urlaubsplanung“, „Vorstandssitzung“ usw.
- Erfinden Sie „Seelsorgs-Module“, die im pastoralen Verbund miteinander geteilt werden können.
- Verzichten Sie auf die Übererfüllung seelsorglicher Aufgaben. Gemeint ist damit auch eine Askese (ein Verzicht!) im Bereich der Zahl der Eucharistiefeiern. Dies erfordert zwar Selbstbewußtsein und Trauerarbeit, aber es schafft Ihnen Freiheit und Raum für neue seelsorgliche Ideen und seelsorgliche Nähe zu den Menschen.

Phase 3: Orientierung an den Grunddiensten der Kirche, der Identität der Gliedpfarreien und der Identität der Seelsorger

- Besinnen Sie sich auf die Grunddienste der Kirche und erarbeiten Sie Konzepte, wie Sie diese Grunddienste im Pastoralverbund absichern bzw. ausbauen können.
- Nutzen und fördern Sie die je eigene Identität der Pfarreien und der SeelsorgerInnen im Pastoralverbund. Pfarreien und SeelsorgerInnen haben (nur zu verständlich) Angst davor, ihr „Ureigenes“ zu verlieren. Sowohl die einzelnen Pfarreien wie auch die verantwortlichen SeelsorgerInnen haben ein je eigenes Charisma; dies darf nicht verlorengehen. Im Gegenteil: Je differenzierter die Charismen zur Geltung kommen, um so lebendiger ist das Ganze.

- Passen Sie die seelsorglichen Anstrengungen an die Kompetenzen der SeelsorgerInnen, der Glieder in den Pfarreien und das Lebensumfeld des Pastoralverbundes an.
- Verzichten Sie auf alle seelsorglichen Anstrengungen, welche die vorhandenen Ressourcen überfordern und/ oder zu wenige Menschen erreichen und/oder zu wenigen Menschen dienen.
- Ermöglichen, erhalten oder erobern Sie sich als SeelsorgerIn und als Gemeinde im Pastoralverbund seelsorgliche Aktivität, an der individuell das ganze Herz hängen kann.

Phase 4: Aufbau eines Netzwerkes eigenverantwortlicher Christen und ihrer Gruppen

- Lassen Sie lebensfähige Bereiche autonomer pastoraler Eigenverantwortung entstehen.
- Lassen Sie Standardabläufe (z. B. Aktionen im Kirchenjahr) vollständig an Personen übergehen, die Ihr Vertrauen oder das Ihrer Gemeinden genießen.
- Arbeiten Sie weiter an einer Verselbständigung und Eigenverantwortlichkeit der Christen in ihren Lebenswelten. Fördern Sie alle Initiativen, die „guten Willens“ sind.
- Sorgen Sie als Verantwortliche dafür, daß die Communio als oberstes Prinzip die Vielheit zusammenhält.
- Binden Sie das Netzwerk immer wieder zurück an den Auftrag Jesu Christi, sich nicht selbst zu genügen, sondern Sauerteig des Evangeliums in der Welt von heute zu sein.

3. Umgang mit Widerständen

Im Angesicht der Vielzahl der notwendigen Veränderungen ist es abzusehen, daß sich dagegen auch viel Widerstand regen wird. Denn diese Prozesse werden an vielen Stellen tief in die Alltagsabläufe der Gemeinden und ihrer Glieder eingreifen. Wenn man sich z. B. klarmacht, daß die Veränderung auch nur einer Gottesdienstzeit mitunter die Veränderung ganzer Tagesabläufe einschließlich der Mahlzeiten in den Familien mit sich bringt, dann sind erhebliche Widerstände dagegen das Normalste von der Welt.

Daher gilt auch für den Aufbau von Pastoralverbünden das Axiom: *Es gibt keine Veränderung ohne Widerstand!* Im Gegenteil: *Wer Erfahrung hat in der Gestaltung von Veränderungsprozessen, wird wissen, daß der Widerstand um so geringer ist, je weniger das Alte wert war.*

Für den Umgang mit Widerstand sollten daher folgende Grundregeln Beachtung finden:

- Widerstand niemals mißachten! Dies hat man später bitter zu bereuen.
- Widerstand als verschlüsselte Botschaft annehmen (Angst, Bedenken, Befürchtungen).
- Die eigene Person als primären kritischen Faktor im Umgang mit Widerstand begreifen (die Überwindung der eigenen Emotionen, der eigenen Handlungsfehler usw.).
- Lösungen aushandeln und festhalten.
- Widerstandsenergie in Richtung produktiver Veränderung kanalisieren (Judo-Technik!).
- Wichtig: *Die Energie im Widerstand ist sehr kostbar. Es ist die Kunst der Leitung, sie für eine gedeihliche Veränderung zu nutzen.*

4. Management von Konflikten

Wer als Priester oder GemeindereferentIn im Zusammenhang mit Pastoralverbünden das Wort „Konfliktmanagement“ hört, könnte auf die Idee kommen zu sagen: Dafür bin ich aber nicht Priester oder Gemeindereferentin geworden!

Dies wird vermutlich richtig sein. Und trotzdem dürfte auf der anderen Seite jeder der Behauptung zustimmen: *Konflikte unter Menschen sind normal! Dies gilt auch für Menschen in der Kirche.* Ein Zusammenleben ohne Konflikte ist nach dem Verlust des Paradieses auch für die friedlichsten Menschen nicht mehr möglich und vorstellbar. Nicht nur Freude und Glück, sondern auch Streit und Ärger haben ihre Zeit (Kohelet).

Wer als Priester oder Gemeindereferentin durch Amt und Auftrag eine umfassende oder partielle Leitungsverantwortung versprochen und übernommen hat, wird damit rechnen müssen, auch als KonfliktmanagerIn gebraucht zu werden.

Wer oder was aber ist ein Manager? Die oft angetroffene Aversion gegen diese Tätigkeit besteht eigentlich nur dann zu Recht, wenn jemand sein Handwerk nicht versteht. Ein Manager (von lat. manus = Hand) ist dem Wortsinn nach ein fähiger Handwerker, der sein Handwerk mit Kopf und Herz ausübt, jemand, der die Kompetenz besitzt, etwas geschickt zu bewerkstelligen, zu gestalten, zu handhaben, zu deichseln, zu führen. *Menschen durch Konflikte hin zu einem gedeihlichen Zusammenleben zu führen ist daher wahrlich eine seelsorgerliche Aufgabe.*

Auch wenn die meisten Konflikte unter Menschen im täglichen Leben auf völlig unspektakuläre Weise beigelegt werden, ist es nur natürlich, daß es besonders in Übergangs- und Anfangssituationen vermehrt zu Konflikten kommt. Gravierende Verschärfungen von Konflikten passieren dann,

- wenn sie zu spät erkannt werden,
- wenn sie aus moralischen („schein-theologischen“) Gründen negiert werden,

- wenn die subjektiven Empfindungen (Emotionen) vernachlässigt werden,
- wenn nur „Stellvertreterkonflikte" beigelegt werden,
- wenn es Sieger und Besiegte geben muß.

In solchen Situationen findet der Leitungsdienst einen besonderen Schwerpunkt im Dienst des Konfliktmanagements. Was muß konkret geschehen?

Der Dienst des Konfliktmanagements besteht darin,

- direkte Kommunikation herzustellen,
- den Dialog der Beteiligten nicht versiegen und ihn – wenn möglich – ohne Verletzungen ablaufen zu lassen,
- Emotionen, Enttäuschungen und Kränkungen ans Licht zu heben,
- die Vergangenheit zu bewältigen und heilen zu lassen,
- eine gemeinsam tragbare Lösung auszuhandeln (ohne Verlierer).

Wer sich als Seelsorger im Konfliktmanagement engagiert oder engagieren muß, braucht für sich selbst eine Unbefangenheit im Umgang mit Konflikten, Klarheit über die eigene Rolle, Neutralität und Transparenz gegenüber allen Beteiligten und vor allem eine große Geduld und Bescheidenheit. Und schließlich tut es gut zu wissen, *daß Konflikte untrennbar in die Wachstumsgeschichte der Kirche verwoben sind.* Die Apostelgeschichte ist ohne weiteres als „Konfliktgeschichte" über die rechte Weise der Verkündigung des Evangeliums und der Gemeindebildung zu lesen. *Wer sich also in den „Dschungel der Konflikte" wagt, befindet sich in der guten Gesellschaft der Apostel und frühen Gemeinden.*

5. Orientierung an den Ressourcen

Wer verändern will, braucht Kraft zur Veränderung. Aktive Gestaltung des Wandels braucht die Fähigkeit und den Willen zu ressourcenorientiertem Sehen und Handeln.

Daß die Veränderungen in der Pastoral in den kommenden Jahren für alle Beteiligten anfangs zu vermehrten Belastungen führen werden, das ist selbstverständlich. Es ist aber nicht notwendig, daß diese Belastungen „schlimm" sind. Denn die Streßforschung hat gezeigt, daß es praktisch keinen „objektiven Streß" gibt.

Streß entsteht durch die Bewertung eines Sachverhaltes als „schlimm". In der Regel zeigt sich aber, daß es für die meisten Alltagsprobleme die Möglichkeit gibt, sie entweder zu lösen oder in Gelassenheit zu tragen. *Erst eine Konzentration auf das Negative, die Verluste, die Defizite, die „Un-Möglichkeiten" macht depressiv.* Manchmal entdecke ich z. B. unter Priestern, aber auch unter engagierten Ehrenamtlichen eine fast unglaubliche „Verliebtheit ins Defizit". *Angesichts der möglichen Hoffnung auf die Kraft Gottes scheint mir daher ein grundsätzlicher Perspektivenwechsel angebracht.* Was wirklich zählt und bewegt, sind die *„Grundströme des Heils"* (Reinhold Stecher) im Leben der Menschen und der Kirche.

Für jeden Menschen, in besonderer Weise aber für VerantwortungsträgerInnen der Gegenwart und Zukunft, gilt die psychologisch und theologisch begründbare Grundregel: *Es geht darum, die unvermeidlichen Belastungen des Lebens aktiv als Herausforderungen zu interpretieren.* Wer Leitungsverantwortung trägt, muß sich die Kompetenz aneignen, Veränderungskräfte zu mobilisieren, ohne die Probleme der Veränderung zu verleugnen.

Der Kern einer Kraft zur Veränderung und eines produktiven Umgangs mit Belastungen ist *eine tief gründende Ressourcenorientierung*. Dazu gehören als Facetten:

- eine menschliche und geistliche Grundorientierung, die notwendigen Wandel als Lebensaufgabe begreifen kann („Gott umarmt uns durch die Wirklichkeit"!),
- die theologische und menschliche Kompetenz, die Pastoralverbünde nicht als bösartige Last, sondern als konkrete Herausforderung zu eigenem geistlichem und menschlichem Wachstum zu deuten,

- eine Sensibilität für die eigenen Belastungssymptome und Belastungsgrenzen – und die Kompetenz, ein „Nein“ zu begründen und durchzuhalten,
- die Fähigkeit, hausgemachte Belastungen zu vermeiden,
- der Wille, sich die für die Veränderungen bei der eigenen Person oder in den Pfarreien benötigten Ressourcen zu beschaffen,
- die Ein-Übung von Einzelkompetenzen wie Zeitmanagement, Kommunikationskompetenz, Zielfindung und Prioritätensetzung, Menschenführung, Konfliktregelung, Förderung des Ehrenamtes usw.

Eine unverzichtbare christliche Kompetenz zum Umgang mit Belastungen ist schließlich die Kraft, mit Vorläufigem und mit Fragmenten leben zu können. Jesus Christus hat uns in die Spannung des Schon-Jetzt und Noch-Nicht hineingestellt: Wir besitzen daher die „Erlaubnis zum Fragment“.

6. Wachstum im Glauben

Die Reformen der Pastoral, wie sie in den deutschsprachigen Diözesen durchgeführt werden, sind nicht nur eine Herausforderung an die Reorganisation von Strukturen. *Der Wandel erfordert eine „Reorganisation des Herzens“: eine Neubesinnung auf den eigenen Glauben und seine gestaltgebende Kraft (metanoia).* Denn aller Einsatz für die neuen pastoralen Verbünde läuft ins Leere, *wenn dadurch nicht der Glaube verkündigt wird.* Kirche ist aus fundamentaltheologischer Perspektive nicht Selbstzweck, sondern hat eine Dienstfunktion mit Blick auf die Verkündigung des Heils unter den Menschen.

Je deutlicher die Umbrüche werden, je engagierter und grundsätzlicher der Umbau in der Pastoral in Angriff genommen wird, um so deutlicher wird daher die Einsicht, *daß die gegenwärtige Situation eine Anfrage der Heilsgeschichte an unseren Glauben darstellt: an den Glauben der Seelsorgerinnen und Seelsorger, an den Glauben der Menschen in den Gemeinden.*

Zum gegenwärtigen Zeitpunkt ist es noch nicht in allen Aspekten klar, welche Dimensionen des Glaubens in besonderer Weise ins Spiel kommen werden. Deutlich wird jedoch, daß der Glaube selbst die Kraft werden muß, die Veränderungen gutzuheißen, zu gestalten und durchzutragen. Wer nicht begreifen kann oder will, daß Heilsgeschichte sich in der Kirchengeschichte vollzieht und daß Kirchengeschichte eine Geschichte des Wandels ist, der wird sich im Angesicht des Wandels vermutlich hilflos und konzeptlos vorkommen und es auch bleiben.

Es scheint so, daß wir unseren Glauben neu befragen müssen, was uns wichtig werden könnte: welche Bilder, welche Inhalte uns Kraft geben auf unserem Weg. Und es wird wichtig sein, diese Glaubenserfahrungen immer neu zusammenzutragen, absichtslos miteinander zu teilen und ins Spiel zu bringen, wenn es um Ziele und Entscheidungen geht.

Eines ist sicher: Der Gott, an den wir glauben, ist ein „Gott-mit-uns“, selbst wenn unser Aufbruch in das „Zeitalter der Pastoralverbünde“ gleichsam als ein Auszug in die Wüste erscheinen mag. Es lohnt, sich immer wieder in Erinnerung zu rufen: Das deutsche Wort „Pfarrei“ steht inhaltlich in Bezug zum griechischen Wort „par-oikia“ (vgl. 1 Petr 1,17): dem Leben in der Fremde. Der Glaube an einen Gott, bei dem wir unsere wahre Heimat haben und der uns zur Heiligkeit beruft, vermag auch all den SeelsorgerInnen Mut, Trost und Sicherheit geben, die befürchten, ihre reale Heimat in der kleinen Pfarrei vor Ort angesichts der Pastoralverbünde zu verlieren. So wird aus den (vielleicht allzu) seßhaft gewordenen Gemeinden und SeelsorgerInnen vielleicht wieder ein „Volk Gottes unterwegs“ – begleitet durch die Kraft des Heiligen Geistes.

7. Ausblick

„Man kann sich an Maßstäben orientieren. Oder Maßstäbe setzen.“
Dieser Werbeslogan einer technologischen Spitzenfirma hat mich kürzlich stark beeindruckt. Weil er mir eine Antwort

anzudeuten scheint für die vielen Seelsorgerinnen und Seelsorger, die auf der Suche sind, die Botschaft vom Heil an die Menschen von heute weiterzugeben.

Wer in diesen Tagen in der Kirche pastorale Verbünde gründet und begleitet, wird nicht warten können, bis jemand ihm sagt, wie es geht. Die klassischen Konzepte der Seelsorge tragen nur noch in einem unzureichenden Maß. *Wer handeln will, muß sich auch trauen, in eigener Initiative neue Wege zu gehen.*

Für die Seelsorge der Zukunft gilt letztlich beides: Wir müssen Maß nehmen an der biblischen Botschaft und an dem, was Seelsorgern und Gemeinden über Jahrhunderte an seelsorglicher Tradition zugewachsen und kostbar geworden ist – und wir müssen den gegenwärtigen Umbruch in Gesellschaft und Kirche zum Anlaß nehmen, neue Maßstäbe in der Praxis der Seelsorge zu setzen.

Literatur

Berkel, K. (1985). Konflikttraining. Heidelberg: Sauer

Berkel, K. (1999). Leitung – Führung – Management. Moderne Managementtheorien und Spiritualität. In E. Garhammer & U. Zelinka (Eds.), Gemeindeleitung heute – und morgen? Paderborn: Bonifatius.

Bliss, C. (2000). Management von Komplexität. Ein integrierter, systemtheoretischer Ansatz zur Komplexitätsreduktion. Wiesbaden: Gabler.

Doppler, K., & Lauterburg, C. (1994). Change Management. Den Unternehmenswandel gestalten. Frankfurt: Campus.

Ebertz, M. (1997). Kirche im Gegenwind. Zum Umbruch der religiösen Landschaft. Freiburg: Herder.

Jacobs, C. (1998). Darf ein Priester glücklich werden? Salutogenese. Eine neue Perspektive für die Gesundheit von Priestern und Ordensleuten. Diakonia, 29 (3), 182-189.

Jacobs, C. (2000). Salutogenese. Eine pastoralpsychologische Studie zu seelischer Gesundheit, Ressourcen und Umgang mit Belastung bei Seelsorgern. Würzburg: Echter.

Jerneizig, R. & Schubert, U. (1991). Der letzte Abschied. Ratgeber für Trauernde. Frankfurt: Fischer.

Kehl, M. (1996). Wohin geht die Kirche? Eine Zeitdiagnose. Freiburg: Herder.

Schürmann, Heinz. (1972). Kirche als offenes System. Internationale Katholische Zeitschrift Communio. 1, 307-323.

Sonntag, K. (Eds.). (1999). Personalentwicklung in Organisationen. Göttingen: Hogrefe.

Viessmann (2000, 21.11.2000). Man kann sich an Maßstäben orientieren. Oder Maßstäbe setzen. Frankfurter Allgemeine Zeitung, p. B9.

Worden, J. W. (1986). Beratung und Therapie in Trauerfällen. Ein Handbuch. Bern: Huber.

Ludwig Averkamp

„Ach, Herr, wir sind geringer geworden ..." (Dan 3,37)

Trostreiche Worte für die wenigen Arbeiter in großer Ernte

I. Zeit der Klagelieder?

Das Bundesvolk Israel steht im Feuer großer Bedrängnis. Es lebt zerstreut und gedemütigt unter fremden Völkern. Asarja stimmt im Feuerofen vor Gott ein Klagelied an: „Ach Herr, wir sind geringer geworden als alle Völker. In aller Welt sind wir heute wegen unserer Sünden erniedrigt. Wir haben in dieser Zeit weder Vorsteher noch Propheten und keinen, der uns anführt, weder Brandopfer noch Schlachtopfer, weder Speiseopfer noch Räucherwerk, noch einen Ort, um die Erstlingsgaben darzubringen und um Erbarmen zu finden bei dir" (Dan 3,37-38). Israel scheint am Ende. Klein sein kann fein sein. Aber kleiner werden, geringer werden, kleiner gemacht werden, zusehen, wie die Getreuen aufgerieben werden, kein Ende der verlustreichen Entwicklungen absehen zu können: das kann die Zeit der Klagelieder sein. Und Klagelieder pflegen mehr Strophen zu haben als Danklieder.

Welche Lieder singt die Kirche in unserer Zeit? Welche Zukunft haben Glaube und Kirche in der nordischen Diaspora des Erzbistums Hamburg? Ich nenne vier Tendenzen als Schlaglichter:

1. Verlorene Lebenshorizonte

Das neue Erzbistum Hamburg ist mit seinen rund 400.000 Katholiken in Hamburg, Schleswig Holstein und Mecklenburg in 180 Kirchengemeinden eine Minderheitenkirche mit einem Anteil von sechs bis sieben Prozent an der Gesamtbevölkerung, stärker in den Städten vertreten, sehr schwach in ländlichen Bereichen. In der Stadt Hamburg kommt die evangelisch-lutherische Kirche auf 35 Prozent, die katholische Kirche auf gut 10 Prozent. Die 40 katholischen Kirchen entsprechen in etwa der Zahl der Moscheen.

Die öffentliche Meinung hat die Gründung des Erzbistums im ganzen interessiert und wohlwollend zur Kenntnis genommen. Man schätzt insbesondere das soziale und erzieherische Engagement der Katholiken.
Was uns aber Beschwerden macht, ist, daß Weltanschauung und Religion konsequent dem Privaten und damit Unverbindlichen zugeordnet werden. Man trifft kaum auf einen argumentativen oder gar kämpferischen Atheismus. Dafür aber gibt es einen entschiedenen Agnostizismus als beherrschende Grundströmung. Er äußert sich im Verzicht, die Sinnfragen des Menschen zu stellen und zu beantworten.

Der Hamburger Schriftsteller Wolfgang Borchert hat schon vor 50 Jahren diese Resignation artikuliert in einem szenischen Gleichnis, in dem eine Straßenbahnfahrt für die Lebensreise des Menschen steht: „Wohin fahren wir denn? frag ich die anderen. Wir müssen doch wissen, wohin? Da sagt Timm: Das wissen wir auch nicht. Das weiß keiner. Und alle nicken mit dem Kopf und grummeln: Das weiß keiner. Aber wir fahren ... Tingeltangel macht die Klingel der Straßenbahn. Und keiner weiß wohin. Und alle fahren mit. Und keiner weiß – und keiner weiß – und keiner weiß ..."

In einer Hamburger Zeitung war ein interessantes Interview mit der bekannten Schauspielerin Witta Pohl zu lesen. Am Ende hieß es: „Nur eines hat diese seltsame Frau noch nicht ergründen können: den Sinn des Lebens." Aber da kennt diese sonst so ruhelose Witta Pohl plausiblerweise keine Eile: „Dann wäre ja Zeit zu sterben!"
Wäre dann Zeit zu sterben? Dann wäre vielmehr Zeit, ein wahrhaft sinnvolles und erfülltes Leben anzugehen! Die Resignation vor der Sinnfrage liegt Hamburgern schwer auf der Seele – wie das Hamburger Schmuddelwetter, wenn das Frühjahr sich endlos verzieht.

Wir Christen wissen uns als Kundschafter einer Lebenshoffnung bestellt, die auch vor Tod und Unterwelt nicht kapituliert. Unsere Gesellschaft hat ein heiliges Recht darauf, daß wir den Auftrag aus dem 1. Petrusbrief erfüllen: „Seid stets bereit, jedem Rede und Antwort zu stehen, der nach der Hoffnung fragt, die euch erfüllt" (1 Petr 3,15).

Die Not unserer Kundschafter ist, daß die Zeitgenossen so schwer zum Fragen zu verlocken sind. Auf dem Areopag sind nicht alle Antworten zugelassen, wie schon Paulus erleben mußte. Zeit für Klagelieder?

2. Oasen in der Wüste

Christen sind überall mit dem Auftrag Jesu unterwegs: „Ihr seid das Licht der Welt" (Mt 5,15) und „Ihr seid das Salz der Erde" (Mt 5,13). Mitmenschen haben ein Anrecht darauf, daß von uns ein Licht ausgeht mitten in den Ratlosigkeiten und Weglosigkeiten unserer Erde. Sie haben ein Recht darauf, daß von uns Heilung und Gesundung ausgehen mitten in der Erfahrung von Wertverlust und Würdeverlust in unserer Zeit.

Bei der Gründung des Bistums stand uns dieser christliche Auftrag für die Menschen unserer Zeit deutlich vor Augen, einschließlich der Sorge, ihm nicht genügend gerecht zu werden. Diese Ambivalenz wurde sichtbar in dem Wort und Bild von der „Oase", unter dem die Verhältnisbestimmung Kirche – Gesellschaft verhandelt wurde. Oasen liegen in Wüsten. Menschenwege führen heute durch unwirkliche und bedrohliche Gefilde. Sie verursachen Entbehrungen und Mangelerscheinung und können zu lebensgefährlichen Erschöpfungen führen. Oasen bieten Rast, eine Quelle für den Durst, Früchte und Brot für den Hunger. Sie helfen dem bedrohten Leben auf und gewähren ein Atemholen für den nächsten Wegabschnitt. Man kann Oasen auch pervertieren. Aus einer Oase, die einladend offensteht für die Mühseligen und Beladenen, die vorbeikommen, kann irgendwann auch eine Fluchtburg werden, die sich vor Außenstehenden verschließt und Quelle wie Früchte für die eigenen Getreuen reserviert. Der Rückzug nach Innen in die große Minderheiten-Versuchung.

Unser Erzbistum mit seinen kleinen und weit verstreuten Kirchengemeinden steht in einer schwierigen Situation, deren Verschärfung abzusehen ist. Um uns herum wächst die Wüste einer Gesellschaft, der christlicher Glaube und christliche Lebensweise mehr und mehr abhanden kommen. Im Inneren konstatieren unsere Gemeinden ein Zusammenschmelzen der gottesdienstlichen Versammlung, schwindende Mitgliederzahlen, geringere Bereitschaft zu ehrenamtlicher Mitarbeit. Es ist kein Zweifel, daß dadurch die schleichende Versuchung wächst, sich in eine nur noch konservierende und defensive Nischen- oder Ghettoposition hineinzuflüchten. Es droht uns in der Gesellschaft die Puste auszugehen. Zeit für ein Klagelied?

3. Volkskirche oder Entscheidungskirche?

In den Vorstellungen von der weiteren Entwicklung unserer Kirche(n) gibt es als radikale Variante die schroffe Gegenüberstellung von „Volkskirche" und „Entscheidungskirche". Da wird der Kirche geraten, entschlossen vom Modell Volkskirche Abschied zu nehmen und mit den persönlich entschiedenen Gläubigen den „Heiligen Rest" zu bilden (vgl. auf evangelischer Seite die Zunahme der freikirchlichen Gemeinden). Die kleine Schar der Getreuen würde zwar in der Gesellschaft nur eine verschwindende Minderheit darstellen. Dafür wäre aber ihr leuchtendes Zeugnis für das Evangelium nicht mehr belastet und verdunkelt von der großen Zahl lauer Christen und unsicherer Kantonisten.

Bisher hat unserer Kirche dem Ratschlag zu einem „Gesundschrumpfen" und zum Rückzug auf die kleine, aber besser vorzeigbare Herde nicht getraut.
Aber die Situation scheint sich zuzuspitzen. Die Christen leben in einer weit gespannten Kirchenspirale, was ihre Nähe und Entfernung zum gemeindlichen Leben betrifft. Es gibt ein Christsein in allen nur denkbaren Abstufungen und Schattierungen. Diese Abstufungen und Abstände auf der

kirchlichen Spirale sind heute viel größer als in der 1. Hälfte des 20. Jahrhunderts.
Der Innenteil der Spirale ist kleiner geworden. Der weitaus größten Mehrheit der Katholiken in unserem Land ist das tägliche Gebet abhanden gekommen. Damit geht dem Glauben der Atem aus. Die Bindung der Katholiken an die kirchliche Gemeinschaft durch den Sonntagsgottesdienst ist stetig geringer geworden. Sie pendelt bei uns um 15 Prozent und geht weiter zurück.

Der Außenteil unserer Kirchenspirale ist dagegen weit größer geworden mit Katholiken, die weniger oder kaum noch am Leben der Gemeinden teilnehmen. Neu ist die stetig wachsende Zahl derjenigen, die fast ganz von der Glaubenspraxis und vom Gemeindeleben Abschied genommen haben, auch die kirchliche Dienstleistung für Taufe, Hochzeit und Beerdigung nicht mehr in Anspruch nehmen, aber dennoch formell Mitglieder der Gemeinde bleiben und nicht aus der Kirche austreten.

Damit aber gerät die kirchliche Identität überhaupt ins Zwielicht. Wenn der kirchliche Kern schmaler und der kirchliche Rand breiter wird, wird das christliche Zeugnis schwächer und unendlicher. Eine kontroverse Vielstimmigkeit in den Gemeinden wächst. Darin spielen die vielgenannten Tendenzen in unserer Gesellschaft zu Subjektivismus und Privatismus eine besondere Rolle. Wenn ein Katholik vor einem halben Jahrhundert seine sogenannten religiösen und sittlichen Pflichten vernachlässigte, bestritt er damit noch nicht die Einschätzung seiner Kirche, daß dies der christlichen Botschaft widerspräche. Heute ist dieser Katholik mit großer Wahrscheinlichkeit der Überzeugung, daß Glaube, Ethik und Lebensmaximen ganz private und individuelle Dinge sind, die er legitimerweise nach persönlichem Geschmack sortiert und zusammenstellt. Das führt zu einer selektiven Wahrnehmung und Aufnahme von Glaubensinhalten, Werten und Handlungsimperativen, also nur zu einer „partiellen Identifikation“ mit Lehre und Leben der Kirche – dies aber mit der Erwartung, daß sein individueller Entwurf zum Christsein von den Mitchristen und der Gemeinde als legitim akzeptiert und respektiert wird. Kirchlicher Widerspruch zu einen solchen Privatentwurf wird als unangemessen und ungehörig empfunden. Dies um so sicherer, wenn der Betroffene sich mit seinen monierten Abweichungen im Trend gesellschaftlicher Wertentwicklung befindet, seinen individuellen Entwurf von daher also als durchaus plausibel empfindet.

Wie leben unsere Kirchengemeinden damit?
Sie leben einigermaßen friedlich und unangefochten, wenn sie in der Formulierung ihrer christlichen Grundüberzeugungen vorsichtig und zurückhaltend sind, hübsch allgemein bleiben, abweichende Meinungen stehen lassen und jeden ein bißchen nach seiner Fasson selig werden lassen.

Andererseits erreicht die betonte Herausstellung christlicher Positionen in der Predigt direkt nur den sogenannten Kern, weitere Kreise nur durch Medien und oft vergröbert zu Schlagworten, die zu einer Quelle unendlicher Streitereien werden können. Wie aber soll die Kirche ihre Botschaft nach Innen und Außen ausrichten, wenn schon im „Innen“ das Konzert der Stimmen die Grundmelodie nicht mehr erkennen läßt, sondern sich auflöst in einem wirren Durcheinander und Gegeneinander?

Solche Erfahrungen von Zerreißproben nähren in unserer Zeit erneut Gedanken an radikale Lösungen. Gilt es nicht, endlich neue Glaubwürdigkeit zu gewinnen durch eine Abgrenzung von einem Christentum zu herabgesetzten Preisen? Ist es nicht an der Zeit, Menschen vor klare Entscheidungen zu stellen, ob sie Christen heißen und wirklich sein wollen oder nicht?

Mecklenburg ist in unserem Bistum ein anschauliches Beispiel. Dort liegt der Anteil der katholischen Sonntagsgottesdienstbesucher doppelt so hoch wie in Schleswig-Holstein und Hamburg. Als Nichtmitglied einer Kirche konnte man beruflich und gesellschaftlich besser vorankommen. Das führte weithin zu „klaren Verhältnissen“, wobei sich die Mecklenburger Katholiken diese Situation wahrlich nicht zurück wünschen.

Manche meinen nun, bei uns würde es binnenkirchlich erst klarer und besser, wenn die gesellschaftliche Entwicklung zu einer noch stärkeren Ablehnung des Christentums führen und damit die Christen zu einer eindeutigeren Position zwingen würde, was ihnen das Christsein wert oder eben nicht wert ist. Hier ist als Zitat das Jesus-Wort nicht weit: „Wer nicht für mich ist, der ist gegen mich, wer nicht mit mir sammelt, der zerstreut" (Mt 12,30).

Ist auch das ein Klagelied? Die Not verstehe und teile ich. Aber es gibt einen Unterton von Enttäuschung und Zorn darin, der nicht nach Christus schmeckt.

4. Missionare für morgen?

Es gibt ein absolutes Mißverhältnis zwischen der Größenordnung der wachsenden Probleme für uns Christen und für unsere Kirche und der Zahl Männer und Frauen, die sich in diesen Jahren in den Dienst des Evangeliums stellen. Ein einfacher Blick in unsere Statistiken zeigt uns das. Die Alterspyramide unseres Presbyteriums ist mehr als beunruhigend. Daran ändert nicht viel, daß ich in diesem Jahr einen Diakon zum Priester weihen kann. Unsere jungen Mitbrüder können sich leicht ausrechnen, wie viele Lasten in Zukunft auf wie wenige Schultern verteilt werden müssen.

Immer häufiger stehen in unserem Amtsblatt unter „Personalveränderungen" Nachrichten, daß Mitbrüdern Verantwortungen übertragen werden „unter Beibehaltung ihrer bisherigen Aufgaben". Das wird wohl nicht unbegrenzt so weitergehen. Kölner Priester haben vorgeschlagen, man solle doch die verstorbenen Mitbrüder mit einbeziehen unter der Rubrik: „in die himmlischen Wohnungen versetzt unter Beibehaltung ihrer bisherigen Aufgaben". Im Ernst: Der Zuschnitt pastoraler Aufgaben wird sich in Zukunft erheblich ändern. „Quo vadis, Kirche?" heißt die Überschrift heutiger Zukunftsüberlegungen. Aber wird es nur eine kluge Umsteuerung pastoraler Strategien sein oder vielleicht doch eher ein mühsam kaschierter Zusammenbruch unserer kirchlichen Arbeit überhaupt? Steht unseren jungen Leuten ins Haus, die mühselige Arbeit von Nachlaßverwaltern einer einst großen Vergangenheit zu tun?

Solche sorgenvollen Fragen tauchen manchmal bei uns auf, erstaunlicherweise aber eher bei uns Älteren mit Blick auf die jungen Mitbrüder, Mitarbeiter und Mitarbeiterinnen, weniger bei den Jungen selbst. Es sieht so aus, als liefen die meisten von ihnen in die dunkel verhangene Zukunft mit einer Art naiver Zuversicht – wie Kinder, die es spannend finden, in ein mächtiges Gewitter hineinzulaufen, trotz der erschreckten Rufe der Mütter.

Singen das Klagelied über die schwere und vertrackte kirchliche Zukunft unserer Nachfolger nur wir Alten?
Weil wir erfahrener sind?
Weil wir die Entwicklung länger übersehen?
Weil wir unsere Jungen nicht so ins Dunkle hineinstolpern sehen können?
Merken sie denn nicht, daß sie vor der drohenden Macht der geistigen Großwetterlage stehen wie David vor Goliath, also aussichtslos?

Aber David ist ja nicht nur naiv und unerfahren, wie seine Brüder im Kriegslager meinen. Er glaubt daran, daß er nicht allein mit seinen jugendlichen Kräften vor einem absolut ungleichen Kampf steht. Er ruft dem mächtigen Philister zu: „Du kommst zu mir mit Schwert, Speer und Sichelschwert, ich aber komme zu die im Namen des Herrn der Heere“ (1 Sam 17,45). Gott ist nicht am Ende, wo der Mensch am Ende zu sein scheint.

II. Gott weiß noch weiter! Erinnerung an Elija

Es kann Situationen geben, in denen auch Fromme, auch Propheten am Ende sind und nicht weiterwissen. Wie viele gläubige Juden haben in Jahrhunderten die Not des Psalm 88 miterlitten und mitgeklagt: „Meine Seele ist gesättigt mit Leid, mein Leben ist dem Totenreich nahe. Schon zähle ich zu denen, die hinabsinken ins Grab, bin wie ein Mann, dem alle Kraft genommen ist ... Du hast mich ins tiefste Grab gebracht, tief hinab in finstere Nacht. Du hast mir die

Freunde und Gefährten entfremdet, mein Vertrauter ist nur noch die Finsternis“ (Ps 88,4f.7.19).

Der Prophet Elija ist in eine solche Situation geraten und von Gott wieder herausgeführt worden. Das ist unsertwegen berichtet, und wir tun gut daran, uns dieses Propheten zu erinnern.

1. Der Prophet ist am Ende

Das 1. Buch der Könige beschreibt es uns. Der Prophet meldet einen Lebenskonkurs an. Er ist vollständig gescheitert. Er hat alles probiert und riskiert und sich dabei wahrlich nicht geschont. Es ist aus. Er ist am Ende.
„Elija ging eine Tagesreise weit in die Wüste hinein. Dort setzte er sich unter einen Ginsterstrauch und wünschte sich den Tod. Er sagte: Nun ist es genug, Herr. Nimm mein Leben, denn ich bin nicht besser als meine Väter“ (1 Kön 19,4).

Was hat Elija sich abgeplagt, das Herz des Gottesvolkes von Baal wieder Jahwe zuzuwenden. Er wurde immer mehr ein lästiger Mahner, den niemand so recht mehr hören wollte. Statt Bekehrung hat er sich Verfolgung eingehandelt. Seine Gottespredigt machte ihn immer einsamer.
Schließlich kam doch ein Tag, an dem der Prophet auf eine große Wende hoffen konnte, der Tag auf dem Berg Karmel mit dem Opfervergleich zwischen den vielen Priestern Baals und dem einen Propheten Jahwes, der Tag mit dem Feuerzeichen Gottes und der Erschütterung des Volkes, das außer sich rief: „Jahwe ist Gott! Jahwe ist Gott!“

Was zuerst aussah wie ein letztendlicher Sieg, entpuppte sich als Anfang vom Ende. Elija sieht sich der offenen Morddrohung der Königin ausgesetzt: Jetzt bist du dran! Seitdem ist er der einsame Mann auf der Flucht.
Der Prophet ist am Ende. Aber es ist ja noch viel schlimmer.

2. Gottes Volk ist am Ende

Der Plan Gottes mit seinem Bundesvolk ist gescheitert. Das Volk hat Schluß gemacht mit ihm. Die Israeliten haben seinen Bund verlassen, seine Altäre zerstört und seine Propheten mit dem Schwert getötet. Sie wollen ihr Schicksal fortan lieber mit Baal verbinden. Sie lassen sich vom Wort Jahwes nicht mehr erschüttern wie von Sturm und Feuer und Erdbeben. Gott ist leise ohnmächtig geworden mitten in seinem Volk. Mit dem ganzen Volk ist es aus. „Ich allein bin übrig geblieben", sagt Elija. Das überlebt er nicht: Laß mich sterben, ich kann nicht mehr, und ich will auch nicht mehr!

Aber Gott läßt seinen Propheten nicht unter dem Ginsterstrauch. Er bringt ihn auf einen langen Weg durch die Wüste. Er holt ihn an den Berg Horeb, an den Ursprung – dorthin, wo Jahwe den Bund gestiftet hat, wo die Stämme Israels die Bundestreue gelobt haben. Dort holt er Elija ganz nahe zu sich: „Komm heraus und stell dich auf den Berg vor den Herrn!"

Der Prophet lernt dort eine unerhörte Lektion: Gott ist nicht abwesend, wo er verborgen ist. Gott ist nicht ohnmächtig, wo er leise ist. Wo Elija nur noch das Ende sehen kann, weiß Gott einen neuen Anfang.

3. Gott weiß noch weiter

Wo Eija meint: „Ich allein bin übriggeblieben", sieht Gott tiefer. Nicht nur Elija ist übriggeblieben, nicht nur einige sind übriggeblieben, nicht nur sieben, sondern sieben mal tausend. Sieben ist eine heilige Zahl, tausend ist eine große Zahl – eine große heilige Zahl. Getreue gibt es. Das Volk Gottes ist nicht am Ende: „Ich werde in Israel siebentausend übrig lassen, alle, deren Knie sich vor dem Baal nicht gebeugt und deren Mund ihn nicht geküßt hat." Elija nimmt die Sicht und Einschätzung Jahwes an. Er glaubt mehr seinem Gott als der eigenen schmerzlichen Erfahrung. Er geht vom Gottesberg zurück in die Mission. Er macht einen neuen Anfang mit seinem Gott und mit seinem Volk.

4. Elija und Paulus

Die Erfahrung des Elija ist keine vergangene Geschichte. Sie wiederholt sich. Paulus hat sie erlebt im Mißerfolg seiner Predigt bei den Juden. Was hat er sich abgeplagt. Immer ist er zuerst in die Synagoge gegangen. Er läßt sich Streit und Schläge gefallen bis zur Steinigung und hört doch nicht auf damit. Im Römerbrief zeigt Paulus große innere Not. „Ich sage die Wahrheit und lüge nicht, und mein Gewissen bezeugt es mir im Heiligen Geist: Ich bin voll Trauer, unablässig leidet mein Herz" (Röm 9,1f). In drei Kapiteln des Briefes (9-11) quält Paulus sich ab mit diesem Scheitern: Ist der Plan der Liebe Gottes mit Israel untergegangen? Sind die Verheißungen Gottes gescheitert? Ist Gott mit seinem Volk am Ende? Ist damit auch mit seiner Predigt Schluß und Ende?

Antwort holt sich Paulus bei Elija: „Hat Gott sein Volk verstoßen? Keineswegs! Denn auch ich bin ein Israelit. Gott hat sein Volk nicht verstoßen, das er einst erwählt hat. Oder wißt ihr nicht, was die Schrift von Elija berichtet? Elija führte Klage gegen Israel und sagte: Herr, sie haben deine Propheten getötet und deine Altäre zerstört. Ich allein bin übriggeblieben, und nun trachten sie auch mir nach dem Leben. Gott aber antwortete ihm: Ich habe 7.000 (Männer) für mich übriggelassen, die ihr Knie nicht vor dem Baal gebeugt haben. Ebenso gibt es auch in der gegenwärtigen Zeit einen Rest, der aus der Gnade erwählt ist" (Röm 11,1-5). Paulus riskiert sein Leben für diesen Rest.

5. Elija und wir

Wiederholt sich diese Geschichte auch bei uns? Auch unter uns gibt es nachdenkliche Stimmen, die raten, das Scheitern unserer Evangelisierung einzugestehen. Wenige im Volk Gottes bleiben wirklich beim Herrn. Wir können uns an die Klage Elijas anhängen: Herr, wenige Getreue sind dir geblieben. Dein Volk in unserem Lande blutet aus. Wir sind mit unserem Dienst an eine Grenze geraten. Schlimmer noch: Liebesbemühungen um uns erweisen sich als vergeblich. Deine Verheißungen kommen nicht zum Ziel. Deinen

Schatz will man nicht suchen. Deine Perle will man nicht kaufen. Wir bieten dein Evangelium an: Wer dreht sich danach um? Wir bieten unsere tätige Nächstenliebe an: Man nimmt sie im Vorbeigehen mit als praktische Dreingabe. Und damit hat es sich.

Christen, Priester, Ordensleute erleben sich als Exoten in dieser Welt, kaum als Wegzeichen zu Gott. Es ist nicht so verwunderlich, wenn auch heute jemand sagt: „Laß mich sterben: Ich kann nicht mehr und ich will nicht mehr!"

Was sagt Gott dazu? Er weist Elija nicht zurecht. Er sagt: „Komm zu meinem Berg, vergiß die lauten Zeichen, horche auf die leisen Weisen meiner Nähe, entdecke neu den Bund: meinen Anruf und dein Ja-Wort. Traue meinem Wort von den sieben mal tausend. Mache dich zu ihnen auf den Weg, demütig und bescheiden, gläubig und zuversichtlich." Wo wir uns am Ende sehen, arbeitet Gott an einem neuen Anfang. Wo wir darüber trauern, daß die lauten Stürme der Zeit ganze Wälder umstürzen und vernichten, da ist der Herr leise dabei, neue Pflanzen zu setzen. Er schätzt die unscheinbaren Senfkörner für solche Neuanfänge. Und er schickt uns aus, sie zu entdecken, zu hüten und zu pflegen.

Für unseren Blick und Weg in die Zukunft bringt es wenig, bei den Klageliedern und Problemanalysen zu verbleiben. Es käme weit mehr darauf an, den Plänen und Neuanfängen Gottes auf die Spur z kommen. Also ist ein Perspektivwechsel im pastoralen Ansatz gefordert.

III. Von Defizitorientierung zur Ressourcenorientierung

1. Der Vorschlag

Der Bischof von Münster, Reinhardt Lettmann, schreibt in seinem Fastenhirtenbrief 2000: „Ein Psychotherapeut macht darauf aufmerksam, daß die Psychotherapie lange davon ausgegangen ist, die Fehlstellen in der Persönlichkeit ins Bewußtsein zu heben und die Aufmerksamkeit des Klienten immer wieder darauf zu richten. Eine neue Richtung geht anders vor. Sie geht davon aus, daß in jedem Menschen

etwas und vielleicht sogar viel Gutes ist. Sie richtet die Aufmerksamkeit des Klienten auf dieses Gute und hilft ihm, dieses zu entwickeln. Wenn man die beiden Richtungen kurz charakterisieren will, kann man sagen: defizitorientiert die eine und ressourcenorientiert die andere.
Der Psychotherapeut schlägt vor, einen solchen Perspektivenwechsel auch in der Kirche vorzunehmen, nicht nur die Aufmerksamkeit auf die Schwach- und Fehlstellen, auf die Defizite zu richten, sondern eher auszugehen von der Wahrnehmung dessen, was gut ist, und die Ressourcen zu aktivieren. Perspektivenwechsel in der Kirche von der Defizitorientierung zur Ressourcenorientierung."

Es gibt Ressourcen im Menschen, Gutes in jedem Menschen, vorgängig zu allem Wirken des Menschen, vorgängig auch zu aller Pastoral.

2. Der Apostel Paulus

Der Apostel Paulus denkt so ressourcenorientiert. Er hat von diesen psychologischen Begriffen nichts gewußt. Aber er kannte die Sache.

In seinen Briefen hat er sich mit vielen, drängenden Problemen zu befassen: Defizite im Glaubensbereich, im ethischen Verhalten, im gemeindlichen Miteinander noch und noch. Trotzdem beginnt er diese Briefe in der Regel nicht mit einem Klagepsalm, sondern mit einer Danklitanei.

Er ist es gewohnt, in seinem Beten die Gemeinden vor Gott zu bringen und sie mit Gottes Augen anzuschauen. Was er da entdeckt, sind die göttlichen Ressourcen, Feuerstellen des Geistes mit Glaube, Hoffnung und Liebe mitten in den Gemeinden.

So hält er es schon in seinem 1. Brief: „Wir danken Gott für euch alle, sooft wir in unseren Gebeten an euch denken, unablässig erinnern wir uns vor Gott, unserem Vater, an das Werk eures Glaubens, an die Opferbereitschaft eurer Liebe und an die Standhaftigkeit eurer Hoffnung auf Jesus Christus, unseren Herrn. Wir wissen, von Gott geliebte Brüder, daß ihr erwählt seid" (1 Thess 1,2-4).

Von dort ausgehend, kann er die Zuversicht haben, in der Menge der Probleme nicht resignieren zu müssen, sondern geistgestützte Ansätze für gute Schritte in die Zukunft finden und vermitteln zu können.

Wir können das verfolgen im 1. Korintherbrief, in dem Paulus sich mit einem ganzen Syndrom von Problemen zu befassen hat, wobei vor allem Ehrgeiz und Rechthaberei die Gemeinde an den Rand der Spaltung treibt. Ausgerechnet die reichen Charismen werden für Eifersüchteleien instrumentalisiert.

Paulus aber beginnt den Brief so: „Ich danke Gott jederzeit euretwegen für die Gnade Gottes, die euch in Christus Jesus geschenkt wurde, daß ihr an allem reich geworden seid in ihm, an aller Rede und aller Erkenntnis. Denn das Zeugnis über Christus wurde bei euch gefestigt, so daß euch keine Gnadengabe fehlt, während ihr auf die Offenbarung Jesu Christi, unseres Herrn, wartet“ (1 Kor 1,4-7).

Mit dem Blick auf diese geistlichen Ressourcen zeigt er sich dann erstaunlich sicher über die Chancen dieser Gemeinde für einen guten zukünftigen Weg durch alle Probleme und Belastungen hindurch. Er fährt fort: „Er wird euch auch festigen bis ans Ende, so daß ihr schuldlos dasteht am Tag Jesu, unseres Herrn“ (1 Kor 1,8).

3. Danklitanei in Hamburg

An Paulus mußte ich denken, als mich kürzlich Journalisten nach den ersten fünf Jahren des neuen Erzbistums Hamburg fragten. Deren Fragen gehen stillschweigend davon aus, daß die Geschichte, auch die Kirchengeschichte, ganz in die Hand von Menschen gegeben sei und von ihnen gemacht werde – gut oder weniger gut. Ich mußte zurechtrücken, daß so zu fragen und zu antworten das Meiste und Beste übersieht. Die Kirche ist nicht einfach in die Hand von Menschen gegeben. Ihre Geschichte trägt im Verborgenen, aber entscheidend ist der Herr der Kirche mit der Inspiration und Kraft des Heiligen Geistes. Ohne ihn können wir nichts tun.

Mit ihm können wir Dinge tun, die weit über unseren Horizont und unsere Kraft hinausgehen.

Als ich also nach den ersten fünf Jahren im Erzbistum Hamburg gefragt wurde, habe ich zunächst Ausschau gehalten nach der Hand Gottes auf diesem Weg. Dann habe ich entdeckt, daß bei genauem Zusehen mitten in unseren Nöten zugleich auch sein Segen sich offenbart. Der Herr der Kirche hat erkennbar seine Hand über unsere ersten Schritte gehalten. Wir haben zu wenig Priesterkandidaten. Aber es ist auch wahr, daß ihre Zahl von Anfang an über zwanzig lag, womit unser kleines Bistum im Vergleich zu anderen alten und großen Bistümern sich als gesegnet betrachten muß. Wir haben zu wenig Gemeindereferenten/-innen. Aber es ist auch wahr, daß bisher jährlich etwa doppelt so viele Frauen und Männer in diesem Dienst des Bistums eingetreten sind, als wir erwarten durften. In diesem Jahr kann bereits der zweite Kurs von ständigen Diakonen geweiht werden, ein dritter Kurs hat mit der Ausbildung begonnen. Wir klagen mit den anderen Diözesen über eine Ausdünnung ehrenamtlicher Dienste. Zugleich dürfen wir aber auch feststellen, daß die Einführung- und Fortbildungskurse für ehrenamtliche Dienste sich eines regen Zuspruchs erfreuen.

Das ist eine Danklitanei nach einer ersten persönlichen Übersicht. In der Jahresklausur unserer Bistumsleitung wollen wir über Ergänzungen nachdenken.

4. Gottes Angesicht geht mit – Erinnerung an Mose

Mose hat mit dem Exodus Israels aus Ägypten bereits mißliche Erfahrungen gemacht. Er hat Gottes Großtaten erlebt mit der Rettung am Schilfmeer und mit dem Bundesschluß am Sinai. Aber er kennt auch schon das Murren des Volkes bei allen großen und kleinen Mißhelligkeiten. Er hat die Katastrophe des Bundesbruches mit dem Goldenen Kalb erleben müssen. Wie soll das bloß weitergehen?

In Ex 33 gibt es ein bewegendes Gespräch zwischen Mose und dem Herrn: „Mose sagte zum Herrn: Du sagst zwar zu mir: Führ dieses Volk hinauf! Du hast mich aber nicht wissen lassen, wen du mitschickst“ (Ex 33,12). Mose hat ja keine Ahnung, wie er das bewerkstelligen soll. Er kennt nicht Weg noch Steg. Er sagt dem Herrn: „Wenn ich aber wirklich deine Gnade gefunden habe, so laß mich doch deinen Plan wissen ... Siehe diese Leute an: Es ist doch dein Volk!“ (Ex 33,13a.c). Gott gibt ihm keine Wanderkarte mit. Gott gibt ihm keine Wanderführer mit. Er tut etwas viel Größeres. Er erfüllt seinen Namen Jahwe: Ich bin da für dich! „Der Herr antwortete: Mein Angesicht wird mitgehen, bis ich dir Ruhe verschafft habe“ (Ex 33,14). Mein Angesicht wird mitgehen: Im „Angesicht“ sind die Kommunikationsorgane versammelt – Augen, Ohren und Mund. So will sich Jahwe mit seinem Volk auf den Weg machen und ihm nahe sein: mit seinen Augen, die liebevoll mitgehen; mit seinen Ohren, die aufmerksam hören, mit seinem Mund, der wie ein Vater zu den Kindern redet.

„Mein Angesicht wird mitgehen“ – das ist die Ausrüstung, die Israel und Mose brauchen. Mose entgegnete dem Herrn: „Wenn dein Angesicht nicht mitgeht, dann führ uns lieber nicht von hier herauf“ (Ex 33,15).

So zieht Mose mit Israel unter dem Angesicht Jahwes den Exodusweg. Keineswegs problemlos, sondern immer wieder belastet mit dem Murren des Volkes, das die Fleischtöpfe im Sklavenhaus Ägypten mehr liebt als die Freiheit der Kinder Gottes. Und doch macht er eine Erfahrung des Mitgehens Gottes, die ihn veranlaßt, für den Exodus das Bild vom Wandern des Vaters mit seinem Kind zu erzählen. Wir finden es im Eröffnungskapitel des Buches Deuteronomium: „Der Herr, euer Gott, der euch vorangeht, wird für euch kämpfen ... Das gleiche tat er in der Wüste, du hast es selbst erlebt. Da hat der Herr, dein Gott, dich auf dem ganzen Weg, den ihr gewandert seid, getragen, wie ein Vater seinen Sohn trägt“ (Dtn 1,30f).

Wie ein Vater seinen Sohn trägt: Das erinnert an einen Vers im Psalm 139, in dem die Beter Israels bekennen: „Vom Rücken, von vorn umschließest du mich, und deine Hand hast du auf mich gelegt“ (Ps 139,5). So hält ein Vater sein

Kind, so hält eine Mutter ihr Kind. So hält Gott sein Volk, so hält er auch sein neues Israel auf dem neuen Exodus:

Gott erfüllt die Verheißung seines Mitgehens in seinem Sohn Jesus Christus. Er ist der Immanuel, der Gott mit uns. Im letzten Vers des Matthäus-Evangeliums sagt er seinen Jüngern zu: „Seid gewiß: Ich bin bei euch alle Tage bis zum Ende der Welt!" (Mt 28,20). „Alle Tage" – also auch heute, also auch morgen. Darauf sollen wir unverbrüchlich setzen. „Seid gewiß", sagt der Auferstandene. Einer solchen Zusicherung bedürfen wir weniger für gottvolle Tage. Wir brauchen sie aber sehr für die Tage, die von Gott wie leer zu sein scheinen.

Mir ist ein Satz des Aaronistischen Segens aus dem Buch Numeri vertraut und wichtig geworden: „Der Herr lasse sein Angesicht über dir leuchten!" Der Herr, der mit uns geht, hat ein Leuchten an sich. Von seiner liebenden Zuwendung fällt ein Licht auf den Weg, auch in dunkler Schlucht. Dieses Wort zum Stoßgebet zu machen bedeutet jedesmal ein Aufschauen zu unserem Immanuel: Herr, lasse dein Angesicht über uns leuchten.

IV. Beten wie Asarja

Wenn wir uns an das Wort Gottes an Elija erinnern, wenn wir uns an das Handeln Gottes an Mose erinnern, sind dann die Klagelieder für uns abgetan und vergessen? Brauchen Christen keine Klagepsalmen mehr? Wir brauchen sie!

Gottes Verheißung und Gottes Mitgehen bedeuten ja nicht, daß er uns Widrigkeiten und Nöte aus dem Weg räumt. Das hat er auch bei Maria und Josef nicht getan. Das hat er auch beim heiligen Ansgar in Hamburg nicht getan. Das tut er auch bei uns nicht. Wir werden auch weiterhin mit Unsicherheit und Sorge kirchliche Schritte in die Zukunft probieren müssen. Wir werden uns weiter abplagen müssen mit Enttäuschungen und Ratlosigkeiten.

Aber mitten darin glauben und entdecken und bekennen wir, daß der Herr seine Hand dazwischen hält, daß er neue Wege eröffnet und zeigt. Er wird nicht aufhören, sein Angesicht über uns leuchten zu lassen. Es gibt keine Dunkelheit mehr, die von seinem Glanz nichts weiß. Es gibt keine finstere Schlucht mehr, in der wir verlorengehen.

Wir dürfen es machen wie Asarja und seine Freunde. Sie singen ihren Klagepsalm: „Ach Herr, wir sind geringer geworden als alle Völker!" (Dan 3,37). Aber sie singen auch ihr Hoffnungslied: „Du aber nimm uns an! Wir kommen mit zerknirschtem Herzen und demütigem Sinn ... Wer dir vertraut, wird nicht beschämt ... Handle an uns nach deiner Milde, nach deinem reichen Erbarmen" (Dan 3,39-42). Überdies werden Klagepsalm und Hoffnungslied eingerahmt von Lobpreis und Jubel.
Asarja beginnt sein Gebet mitten im Feuer so: „Gepriesen und gelobt bist du, Herr, Gott unserer Väter; herrlich ist dein Name in alle Ewigkeit" (Dan 3,26).
Am Ende singen die drei im Ofen aus einem Mund mit nicht enden wollendem Jubel: Sie rühmen und preisen Gott mit allen Geschöpfen im Himmel und auf Erden (vgl. Dan 3,51-90).

Wir Christen sind auf einem Exodusweg gestellt, auf dem uns die Lieder nicht ausgehen und auf dem das Jubellied die meisten Strophen haben darf.

Deo gratias!

Nikolaus Schwerdtfeger

Für eine Kirche, die sich erneuert

Eine der wesentlichen Aufgaben eines Bischofs sind die Pastoralbesuche im Bistum.[1] Bei mir gestaltet sich diese Aufgabe so, daß ich durch das Jahr hindurch einzelne Dekanate besuche, dort mit Priestern und hauptberuflichen Mitarbeitern und Mitarbeiterinnen zusammenkomme, mit den Pfarrgemeinderäten und Kirchenvorständen spreche, auch zu anderen Gremien und Kreisen gehe und nicht zuletzt mich mit Jugendlichen treffe, denen ich das Sakrament der Firmung spenden werde.

Die Erfahrungen bei diesen verschiedenen Begegnungen kann ich kurz und knapp in zwei Botschaften bündeln. Die eine Botschaft, die mir immer wieder entgegenkommt, heißt: „*Bei uns ist viel los.*" Und in der Tat: Es gibt in den meisten Gemeinden eine beträchtliche Aktivität, viel mehr, als ich anfangs erwartet hatte. Es gibt gewöhnlich eine Vielzahl von Angeboten und einen enormen Einsatz, etwa in der Sakramentenkatechese. Diese erste Botschaft verbindet sich aber bald mit einer zweiten Botschaft. Sie lautet: „*Wir werden immer weniger.*" Das gilt nicht nur im Blick auf die Priester. Das gilt umfassender für sehr viele Bereiche der Kirche. Die häufigste Frage, die mir fast jedesmal bei einer Begegnung mit den Gremien einer Pfarrgemeinde in einer ersten Gesprächsrunde gestellt wird, heißt: „Wie bekommen wir wieder mehr Jugendliche in die Kirche?" In dieser Frage drückt sich das ohnmächtige Gefühl aus, daß die lang geübten Wege der Glaubensweitergabe nicht mehr greifen und neue Wege sich (noch) nicht abzeichnen.

Beide Erfahrungen vermitteln mir den Eindruck: Es liegt so etwas wie ein Schatten über dem Leben unserer Gemeinden, und vielleicht ist es kein anderer als der, der insgesamt auf unserer Kirche in Deutschland und sogar auf unserer Gesellschaft als Ganzem liegt. Dieser Schatten trägt einen alten Namen. Schon die Kirchenväter von Evagrius Pontikus bis Thomas von Aquin kannten ihn. Er heißt: *Acedia.* Acedia steht für Erschöpfung, Überdruß, Trägheit, Schwermut, Betrübnis und Hoffnungslosigkeit. Sie ist *„die Seuche, die wütet am Mittag“*, wie der Psalm 91,6 sagt. Sie ist der „Mittagsdämon, der den Mönch in der Mittagshitze in der Wüste befällt. Er sehnt sich danach, seine Zelle, seine Arbeit, seine Lebenssituation zu verlassen.“[2] Acedia als Mittagsmüdigkeit steht für eine Haltung träger *Vielwilligkeit.* Körperlich satt, fängt man vieles an und hat doch zu nichts recht Lust und verliert sich schließlich in Unlust. Heute hüllt sich diese Acedia oft in das Gewand einer betriebsamen Geschäftigkeit, aber darunter verhüllt sie nur ihr wahres Wesen: Sie sucht zu verschleiern, was man modern vielleicht mit dem „burn-out“-Syndrom bezeichnet, also das „Ausgebranntsein“ nennt. Und was für den Mönch gilt, gilt für jeden Christen: „Die Gefahr besteht dann darin, daß die Acedia ihn von dem einmal eingeschlagenen Weg der intensiven Gottesbeziehung abhält.“[3]

Mit dieser Vielwilligkeit korrespondiert kirchlich und gesellschaftlich gesehen ein *Vielwissen.* Karl Rahner hat in einem Interview anläßlich seines siebzigsten Geburtstages 1974 einmal gesagt: „Gemessen an dem, was ein Theologe als Wissenschaftler heute im Idealfall wissen müßte, bin ich durch die vierzig Jahre meiner theologischen Arbeit zehnmal dümmer geworden. Vor vierzig Jahren war das Verhältnis zwischen dem, was ich wußte, und dem, was an Problematik, an Kenntnissen und Methoden da war, vielleicht 1:4; heute ist es wahrscheinlich 1:400.“[4] Diese Situation hat sich in den letzten Jahren noch potenziert. In der Pastoral etwa ist eine Fülle an anthropologischen Erkenntnissen oder Marketing-Einsichten hinzugekommen, und gesamtgesellschaftlich gesehen wird uns heute zumal durch das Internet ein unglaubliches Angebot an Information bereitgestellt, das von Tag zu Tag noch größer wird. Gerade aber diese Überfülle des Wissens führt paradoxerweise zu einem Defizit an Lebens-Wissen: In der Unübersichtlichkeit verlieren wir die Orientierung.

Umberto Eco hat die gegenwärtige gesellschaftliche Konstellation in ein eindrucksvolles Bild gefaßt. In seinem Roman „Der Name der Rose“ (1982) brennt am Ende die Bibliothek: Die Schätze der Vergangenheit, aus denen die Gemeinschaft sich genährt hatte, zerfallen und lösen sich in Fragmente auf. Das ist ein dramatisches Element innerhalb der Erzählung. Aber es ist eben noch mehr. Umberto Eco versteht seinen mittelalterlichen Abtei-Krimi als „idealen postmodernen Roman“. So gesehen symbolisiert das Brennen der Bibliothek die heutige postmoderne Situation. Kennzeichnend ist für sie, daß sowohl der einfache Rückgriff auf vergangene Sinnsysteme als auch die Konstruktion idealer Zukunftszustände unmöglich geworden erscheint. Postmoderne bedeutet eben den Verlust der Vergangenheit wie auch den Verlust der Zukunft. Die Welt zerfällt vielmehr in zahllose Subsysteme. Dabei kann der einzelne gerade noch sein eigenes Subsystem gestalten, seine eigene Biographie modellieren. Doch das Ganze der Welt geht einen undurchsichtigen Gang, der vom einzelnen unbeeinflußt zu bleiben scheint, über ihn hinweggeht und nicht selten sein eigenes Subsystem bedroht.[5]

Man kann all das, was ich jetzt nur angedeutet habe, beklagen und die ganze moderne Entwicklung verurteilen. Man kann auch versuchen zu retten, was noch zu retten ist. Ich bin allerdings überzeugt, daß beides kein Weg in die Zukunft ist. Ich bin überzeugt: *„Gott umarmt uns mit der Gegenwart.“* Es gilt darum, am Beginn dieses neuen Jahrzehnts zu entdecken, daß auch unsere heutige Situation ihre Chancen hat – durchaus auch kirchlich und glaubensmäßig gesehen. Auch in der Postmoderne bleibt ja ein unauslöschliches Verlangen nach einem Rahmen, in dem und an dem man sich orientieren kann. Auch die Postmoderne hat dieses Bedürfnis nicht überwunden. Sie ist zwar mißtrauisch gegenüber *der* Wahrheit. Aber die Frage nach Wahrheit ist damit doch nicht verschwunden. Verschiedene Religionssoziologen oder Philosophen (wie etwa Peter Berger, Thomas Luckmann, Hermann Lübbe) „haben nicht nur die tatsächliche Präsenz eines Sinnsystems in jedem Leben, auch dort wo die Notwendigkeit eines solchen bestritten wird, phänomenologisch aufgewiesen, sondern aufgrund dieser Beobachtungen dieses gar als anthropologische Notwendigkeit ausgegeben. Nicht zuletzt ist die erstaunliche allgemeine ‚neue' Religiosität ein Zeichen dafür."[6]

Wir sind darum herausgefordert, in dieser postmodernen Situation nach dem Weg *„einer Kirche, die sich erneuert"*, zu suchen und so in das neue Jahrzehnt aufzubrechen. Ich nehme dabei den *Brand der Bibliothek* gleichsam als ein Suchbild, das anregen kann, welche Schritte der Erneuerung notwendig sind.[7]

1. Wiedergewinnung der Gottesrede

Stellen wir uns also vor: Wir stehen vor der abgebrannten Bibliothek. Wir sehen dann als erstes: Es ist nicht nur ein Teil verlorengegangen, sondern das Ganze ist getroffen worden. Was die Bibliothek in guten Tagen den Menschen bedeutete, die Erschließung der innersten Wirklichkeit ihres Lebens und ihrer Welt nämlich, ist zerfallen und nicht mehr einfach zugänglich. In dieser Situation gilt es, neu nach dem zu fragen, was wirklich wesentlich ist.

Was die Kirche heute zutiefst in ihrem innersten Wesen trifft, ist der „öffentliche Verlust Gottes"[8], die nach wie vor andauernde „Gotteskrise"[9]. Es gehört in unserer Gesellschaft „zum guten Ton, von Gott nicht zu sprechen, weil dies vielfach peinlich-betretenes Schweigen auslöst". Dabei können viele Zeitgenossen sich durchaus sehr interessiert an spirituell anregenden Zeugnissen unserer Kultur zeigen, wie religiöser Kunst oder religiöser Musik, ohne daß jedoch „der spezifische Hinweis auf Gott und das Göttliche darin noch eine Rolle" spielt.[10]

Der wesentliche Schritt zur Erneuerung geht dann auf „die Wiedergewinnung der öffentlichkeitswirksamen Bedeutung der Gottesrede": Dabei muß die Kirche selbst „in der Gesellschaft die Umkehr zu Gott leben, und das nicht als einmaliges, in der Vergangenheit längst stattgehabtes Widerfahrnis, das es nur noch anderen zu ‚vermitteln' gilt, sondern als stets vor ihr selbst liegende ‚neue' Herausforderung".[11] Denn der Verlust der Gottesrede ist etwas, was uns als Kirche selbst getroffen hat.

Wie läßt sich solche Gottesrede konkret zurückgewinnen? Ich möchte diese Wiedergewinnung der Gottesrede, die mir gegenwärtig am wichtigsten zu sein scheint, in dreifacher Weise konkretisieren: als Rede zu Gott (Gebet), als Rede von Gott (die große Gotteserzählung der Bibel) und als Rede über Gott (die Theologie).

1.1 Rede zu Gott

Die Gottesrede stammt zuallererst aus der Rede *zu* Gott; sie kommt aus dem Gebet. Beten ist die Ur-Sprache, die den Menschen von allen anderen Lebewesen unterscheidet. Sie ist ursprünglich angesichts von Sterben und Geborenwerden entstanden. „Durch das Beten entstand Zeit, Bewußtsein für Zeit und Ewigkeit, für Diesseits und Jenseits.“[12] Gerade in einer Gesellschaft, die zunehmend nach den Mechanismen des Marktes funktioniert, hat das Beten eine subversive Kraft. Dabei ist, wie Johann Baptist Metz sehr eindrücklich formuliert hat, die Sprache der Gebete „nicht nur universeller, sondern auch spannender und dramatischer, viel rebellischer und radikaler als die Sprache der Kirche und der zünftigen Theologie. Sie ist viel beunruhigender, viel ungetrösteter, viel weniger harmonisch als sie. Haben wir je wahrgenommen, was sich in dieser Sprache der Gebete durch die Jahrtausende der Religionsgeschichte angehäuft hat: das Geschrei und der Jubel, die Klage und der Gesang, der Zweifel und die Trauer und das schließliche Verstummen?“ Im Gebet kann man seinen Glauben ausdrücken, aber auch sagen, daß man nicht glaubt. Die Sprache der Gebete „ist die seltsamste und doch verbreitetste Sprache der Menschenkinder, eine Sprache, die keinen Namen hätte, wenn es das Wort ‚Gebet‘ nicht gäbe.“[13] Es mag so aussehen, als komme in der Sprache unserer Gesellschaft solches Sprechen nicht mehr vor, weil das Wort Gott substantiell nicht mehr vorzukommen scheint. Wenn das stimmen sollte, würde diese Zurückgewinnung des Wesentlichen gerade den Widerstand gegen ein Vergessen bedeuten, das am Ende auch den Menschen selbst einschlösse.

Das Erlernen des Betens ist darum etwas ganz Entscheidendes für eine Kirche, die sich erneuert. „Was ist derzeit die wichtigste Aufgabe im Bischofsamt?“, so wurde Erzbischof Ludwig Averkamp von Hamburg 1998 gefragt. Seine Antwort: „Den Verlust des täglichen persönlichen und gemeinsamen Gebetes in unseren Familien halte ich für das größte Problem. Dadurch tritt allmählich das Leben aus dem Glauben zurück ... Wenn jemand das Beten nicht mehr gewohnt ist, besteht er nach einiger Zeit auch nicht mehr die Mitfeier des Gottesdienstes, denn die läßt sich nur betend bestehen. Für die Glaubensverkündigung und -weitergabe müssen Christen Zeugnis geben von ihrer persönlichen Beziehung zu Jesus Christus. Das ist die Blutzufuhr. Wenn die unterbunden wird, gibt es eine Anämie, also eine Blutarmut. Wir müssen daher in unserer Weiterbildung bald schlicht und einfach Gebetsschulen einrichten. Das heißt: Wir müssen ein elementares Angebot für Menschen schaffen, die sich zum hilfreichen täglichen Gebet führen lassen wollen, weil sie es als Kind nicht gelernt haben oder nicht mehr beten können.“[14] Wie könnten heute solche „Gebetsschulen“ aussehen, an denen das Beten erlernt und eingeübt werden kann?

1.2 Rede von Gott

Die Rede zu Gott kann und muß Maß nehmen an der Rede *von* Gott, wie sie uns in der großen Gotteserzählung der Schriften des Alten und Neuen Testamentes aufbewahrt ist. In der Unübersichtlichkeit der Gesellschaft und auch des kirchlichen Lebens mit ihrem Vielwissen und ihrer Vielwilligkeit bringt die Heilige Schrift die heute zunehmend wieder neu gestellten großen Fragen des Menschen nach seinem Woher und Wohin und seiner Identität zur Sprache und gibt Orientierung. Sie erzählt die „Biographie Gottes“[15], seine Geschichte mit der Welt und dem Menschen; sie erzählt von seiner Schöpfung, von seiner Verzweiflung in der Sintflut, von seinem Wagnis mit Abraham und seinem Kampf mit Jakob, von seiner Liebe zu den Sklaven des Pharao und ihrer Befreiung, von Mose, „seinem Freund“, von seinem nächtlichen Dialog mit Samuel, von seiner Begegnung mit Elija, vom leidvollen und doch eine neue Gottesbeziehung ermöglichenden Exil seines Volkes. Und vor allem erzählt sie von seinem Sohn Jesus Christus und seiner unermüdlichen Suche nach dem Menschen. Sie ermöglicht auf diese Weise, zwischen dem einen Gott und den vielen Göttern zu unterscheiden. Sie klammert Leid und Schuld nicht aus, sie zeigt Wege vom Haß zur Versöhnung, sie stellt sich auf die Seite der Armen und gegen alle Ungerechtigkeit. Und sie erzählt davon, daß selbst jene, die den Tod verdient hätten, mit unbegreiflicher Liebe umfaßt und als „Neugeborene“ in eine Sendung hinein gerufen sind, in der sie den Sendenden selbst präsent machen dürfen.

Eine besondere Aufmerksamkeit wäre auf dem Weg der Erneuerung der Kirche dem Alten Testament und vor allem seiner Exilstheologie zu schenken, die gerade für unsere Zeit der Postmoderne besonders aktuell erscheint.[16] In unseren Gottesdiensten, aber auch sonst im Gemeindeleben werden die alttestamentlichen Texte ja noch immer nicht gebührend wahrgenommen. Und doch gehören sie zum Fundament unserer eigenen Glaubensbiographie und zu unserer gemeinsamen Geschichte als Kirche. Wir müssen sie mehr als bisher entdecken. Dabei ist zu bedenken, daß die Theologen in Israel „die gesamte Überlieferung Israels aus der Perspektive des Exils neu gewichtet (haben, N. S.). Sie haben uns damit einen hermeneutischen Schlüssel in die Hand gegeben, das AT insgesamt zu verstehen.“[17] Wir haben schon lange gelernt, die Texte der Evangelien aus der Sicht der Auferweckung Jesu und aus der Situation der nachösterlichen Gemeinden zu verstehen. Dementsprechend können und müssen wir „die Texte des Alten Testamentes aus der Perspektive der Auferweckung Israels im Exil (vgl. Ez 37) und der Situation der Diaspora lesen. Denn als Worte der Wegweisung und des Trostes sind sie von den nachexilischen Gemeinden erlebt, aufgesammelt und zum alttestamentlichen Kanon zusammengefaßt worden. Jeder Satz des Alten Testamentes darf daraufhin befragt werden, was er Menschen unter Verhältnissen zu sagen hat, in denen alles gegen Gott spricht. Das aber ist zunehmend unsere Situation als ‚Kirche in der Fremde‘. So haben auch die frühchristlichen Gemeinden das Alte Testament zur Deutung ihrer Situation in Anspruch genommen: ‚Alles, was einst geschrieben worden ist, ist zu unserer Belehrung geschrieben, damit wir durch Geduld und durch den Trost der Schrift Hoffnung haben' (Röm 15,4). Das hat ihnen geholfen, ihre Fremdheit als ‚Beisassen' anzunehmen und umgekehrt ohne Berührungsangst jedermann bereitwillig Rechenschaft zu geben über den Grund ihrer Hoffnung (1 Petr 3,15). Was brauchen die Menschen heute nötiger, und was wollen wir mehr?"[18]

Heinrich Heine hat einmal von der Bibel als dem *„portativen Vaterland"* gesprochen. Da, wo sie erinnert und durch das eigene Leben weiter erzählt wird, kann sie Menschen auch im Ausgebranntsein oder in der Fremde Heimat und einen eigenen Standpunkt geben, von dem her die Verständigung mit dem Fremden möglich wird.

1.3 Rede über Gott

Zu solcher Verständigung und Rechenschaft über unseren Glauben ist heute wieder dringend Theologie gefordert, also jene Rede *über* Gott, die unter den Bedingungen unserer Zeit die Rede zu und von Gott reflektiert und damit ein Gespräch mit Menschen anderer religiöser wie nichtreligiöser Traditionen ermöglicht. Wir müssen wieder neu theologisch denken lernen. Wenn ich es recht sehe, gibt es eine weitverbreitete Unfähigkeit, „die zentralen theologischen Inhalte in unseren kirchlichen Alltag einzubringen. Dieser Mangel an theologischem Denken macht sich bis weit in den gottesdienstlichen und sakramentalen Bereich bemerkbar"[19], etwa im Verständnis der Eucharistie. Wir müssen an den zentralen Fragen der Christologie, Soteriologie, Pneumatologie, Ekklesiologie, besonders auch der Ämtertheologie, in Zukunft hart arbeiten. Wir brauchen Theologen im eigentlichen Sinn, die Grenzgänger und Abenteurer in dieser Gesellschaft sind und die mit Hilfe einer vom Glauben erleuchteten Vernunft, den Anspruch und den Trost der Botschaft vom Tod und von der Auferstehung Jesu Christi offensiv vertreten. „Wir dürfen auch andere mehr nach ihren Konzepten und ihren Lösungen befragen. Wenn dabei die Gemeinsamkeit des Humanen oder Christlichen wächst, kann es nie ein Schaden sein ... Man wartet viel mehr auf uns, als wir uns selbst zutrauen."[20]

Wie wir der Gottesrede wieder Raum geben können, und zwar zuerst in unserer eigenen Mitte, das ist zur Schicksalsfrage für die Kirche geworden. „Diese Herausforderung mit den Augen des Glaubens anzunehmen und ihr jene Priorität zu geben, die sie verdient, darin muß man den Anruf des Heiligen Geistes in der gegenwärtig keineswegs leichten Situation der Kirche erblicken." Dabei muß uns bewußt sein: Auch „das Christwerden und Kirchesein muß neu gelernt werden, zumal in einer Gesellschaft wie der heutigen, in der auch die erwachsenen Menschen alles – angefangen vom Autofahren bis zum Altwerden – lernen müssen. In dieser Situation kann man nicht mehr von der stillschweigenden Voraussetzung ausgehen, daß die Menschen heute das Christsein selbstverständlich können. Es ist vielmehr Not-wendig, es neu zu lernen. Und dazu braucht es viel pastorale Phantasie."[21]

Ich habe diesen ersten Schritt einer „Kirche, die sich erneuert", ausführlicher skizziert, weil er mir in der gegenwärtigen Situation besonders bedeutsam erscheint. Ich nenne aber in Kürze noch einige weitere Schritte, die wir auf dem Weg der Erneuerung gehen müssen und die eng mit dem Gesagten verbunden sind.

2. Erneuerung des persönlichen Glaubens

Gehen wir zum Brandplatz der Bibliothek zurück. Vielleicht finden wir da und dort noch einige Fragmente, vielleicht können wir das eine oder andere Stück noch retten. Aber aufs Ganze gesehen haben wir von den Schätzen dieser Bibliothek nichts mehr in der Hand. Wir können nicht mehr Bücher aus den Regalen ziehen und auf die in ihnen aufbewahrten Erkenntnisse und Einsichten verweisen. Die Zeit, in der man das, „was man schwarz auf weiß besitzt, getrost nach Hause tragen" kann, ist vorbei. Es bleibt nur noch das, was wir persönlich in uns tragen.

Mit anderen Worten: Unverkennbar kann sich der christliche Glaube in unserer Gesellschaft heute immer weniger auf ein homogenes christliches Milieu abstützen. Aus diesem Grund werden die persönliche Glaubenserfahrung und die persönliche Glaubensentscheidung zunehmend wichtiger: Notwendig ist ein Glaube, der Schritte zu einer persönlichen Entschiedenheit hin tut.

Gerade auf diese Weise kann auch der gesellschaftliche Individualismus theologisch integriert werden. Wenn der Glaube wieder neu als eine Angelegenheit der Wahl und der Entscheidung verstanden wird, ist es möglich, den Individualismus „als Strukturmoment des Glaubens selbst zu ‚entdecken' und anzuerkennen. Diese fundamentale Ebene des Vollzugs und der Verantwortung des Glaubens ist bei Strafe der Lebbarkeit des Glaubens unter den Bedingungen des radikalen Pluralismus der Postmoderne nicht zu überspringen."[22]

Angesichts des Wegbrechens der gesellschaftlichen Stützen des Glaubens wird in Zukunft das Christsein mit einer persönlichen Christusbeziehung stehen oder fallen. Ein zentrales Kriterium aller Pastoral wird deshalb darin bestehen, ob sie hilft, eine solche persönliche Christusbeziehung zu ermöglichen und sie auch öffentlich – gewiß mit der angemessenen Diskretion – zu bekennen. Karl Lehmann sagte kürzlich: Wir vertrauen „noch viel zu sehr auf das Amt und die Institutionen. Hier sind wir in Deutschland vielleicht sogar mehr gefährdet als anderswo ... Aber allein damit wird man noch nicht viel bewegen. Es kommt noch viel entschiedener auf das persönliche Zeugnis des Lebens und des Glaubens an, das wir indirekt, in der Tat, aber auch direkt, im Wort, bekunden. Der künftige Christ wird ein Zeuge sein, oder er wird bald nicht mehr sein."[23] Und sein Zeugnis wird wieder mehr ein missionarisches Zeugnis sein.

3. Öffnung ins Miteinander

Kehren wir wieder zur abgebrannten Bibliothek zurück. Der Brand der Bibliothek, so wird deutlich, hat die Bibliothekskenner aus ihrem vertrauten Rahmen vertrieben, „so daß sie plötzlich draußen stehen, bei jenen, die keinen Zugang zur Bibliothek fanden, bei den ‚Laien', Seite an Seite mit ihnen. Sie werden sie brauchen können, denn ‚draußen' kennen sie sich nicht so gut aus." Die belesenen Fachleute müssen einsehen, daß sie jetzt mehr als bisher auf die anderen angewiesen sind. Sie werden sich nun gemeinsam auf den Weg machen müssen, um miteinander neue Seiten zu füllen, die nicht das Alte wiederholen, sondern Neues festhalten.[24]

Die Entwicklung der vergangenen Jahre, in der wir so oft den Priestermangel beklagt haben, hat uns nicht selten die Chancen übersehen lassen, die auch in dieser Situation stecken. Sie drängt uns heute dazu, die in der Geschichte immer wieder aufbrechende Kluft zwischen Klerus und Laien, die sich in jüngerer Zeit mitunter noch zu einer Kluft zwischen (theologischen) Experten und „einfachen" Gläubigen ausgedehnt hat, zu überwinden. Eine Kirche, die sich erneuert, sucht das Miteinander aller Christen und Christinnen. Auf der Basis der Leidenschaft für Gott und des persönlichen Zeugnisses kann ein neues gegenseitiges Vertrauen wachsen. Für die Zukunft der Kirche werden hier kleine Gemeinschaften eine besondere Bedeutung haben, in denen die eigene Biographie ausdrücklich zur Sprache gebracht werden kann und die das eigene Leben gleichzeitig so mit Glauben und Gottesdienst verbinden, daß neue „Milieus" entstehen können.[25]

Mit diesem Schritt in das Miteinander kann auch der Individualismus, der eine notwendige, gleichwohl aber noch keine hinreichende Bedingung des Glaubens ist, auf Gemeinschaft hin transzendiert werden.[26] „Ein Christ ist kein Christ." Diese alte Weisheit des Kirchenvaters Tertullian gilt es heute neu zu buchstabieren. Auch wenn es immer wieder bestritten wird – nicht zuletzt durch die konkrete Praxis vieler Christen: Leben aus dem Glauben und Leben in der Gemeinschaft der Kirche gehören zusammen.

Gleichzeitig wird dieses Miteinander noch mehr als bisher eine ökumenische Dynamik gewinnen müssen. Gerade in einer gesellschaftlichen Pluralisierung, in der das Christentum gleichgültig zu werden scheint, ist das gemeinsam

Christliche verstärkt herauszustellen und miteinander zu vertreten. Dabei können wir viel voneinander lernen, und sei es auch durch Auseinandersetzung und Streit hindurch.

4. Rückkehr zum anderen

Ich gehe ein letztes Mal zum Brandplatz hin. Der Wind hat viel von den verbrannten alten Schätzen der Bibliothek schon in alle Richtungen verweht. Immer wieder ergreift ein neuer Windstoß das, was einmal der Stolz seiner Besitzer war. Aber diese sind längst nachdenklich geworden. War nicht die Bibliothek ursprünglich eigentlich dafür gebaut worden: nicht zum Stolz seiner Besitzer, sondern zum Dienst an den anderen?

Eine Kirche, die sich erneuert, muß mehr und mehr lernen, für andere da zu sein. Schon Alfred Delp hat aus seiner Todeszelle heraus über das „Schicksal der Kirchen in der kommenden Zeit" geschrieben: Ob die Kirche noch einmal einen Weg zu den Menschen findet, hängt an der „Rückkehr der Kirchen in die Diakonie: in den Dienst an der Menschheit ... Damit meine ich das Sich-Gesellen zum Menschen in allen seinen Situationen mit der Absicht, sie ihm meistern zu helfen ... Damit meine ich das Nachgehen und Nachwandern auch in die äußersten Verlorenheiten und Verstiegenheiten des Menschen, um bei ihm zu sein genau und gerade dann, wenn ihn Verlorenheit und Verstiegenheit umgeben. ‚Geht hinaus', hat der Meister gesagt, und nicht ‚setzt euch hin und wartet, bis einer kommt.'"[27]

Die Beziehung zu Christus bedeutet nicht nur Mystik, sondern auch Politik. Die Kirche bleibt nur in deiner doppelten Selbstüberschreitung ihrem Wesen treu: Sie muß sich auf Gott hin überschreiten, wie es das Zweite Vatikanum zumal mit seiner Konstitution *Dei Verbum* deutlich gemacht hat. Und sie muß sich auf die Welt und besonders die Armen und Bedrängten aller Art hin überschreiten, wie es das Zweite Vatikanum durch die Pastoralkonstitution *Gaudium et Spes* betont hat. Notwendig für eine Kirche, die sich erneuert, ist darum der Weg ins andere und zum anderen.

Auf diesem Weg werden wir das andere der Gesellschaft als einen Ort entdecken, der selbst „religionsproduktive Kräfte“ freisetzt. Nicht nur in der Kirche und auch nicht nur in den Grenzerfahrungen des Lebens gibt es die Suche nach Religion, sondern auch mitten im scheinbar profanen Alltag. Das heutige Leben ist geprägt von der Dialektik des „zuviel“ und des „zuwenig“. Nicht zuletzt in dieser Dialektik liegt eine religionsproduktive Dimension in unserer Gesellschaft. Wir haben ein Überangebot an Waren und Erlebnissen. Das Glück liegt trotzdem nicht auf der Straße. Denn aller Konsum wirft bald die Frage auf: „Was haben wir, wenn wir alles haben?“ Diese Frage stellen Menschen, die zumindest vorübergehend eine unkalkulierbare religiöse Neugier überfällt und die nach Symbolen, Ereignissen, Räumen suchen, in denen mehr und anderes als das je jetzt Gewohnte anzutreffen ist. Es sind Menschen, denen die Erlebnisgesellschaft „zuviel“ wird mit all dem Aufwand, den sie betreibt, damit das Leben interessant bleibt: mit ihren Moden und Allüren, mit ihren In- und Out-Listen. Es sind Menschen, denen diese Gesellschaft zugleich auch zuwenig bietet. „Sie ahnen, daß dem ‚dernier cri‘ oft der letzte Atemzug folgt. Sie suchen nach etwas Definitivem – nach etwas, das nicht mehr veralten kann. Sie suchen nach Gelegenheiten, wo sie konzentriert, aber unaufdringlich etwas über Gott und die Welt erfahren.“[28] Der Weg ins andere kommt dieser Suche entgegen, ohne sich einfach dem anzupassen, was jeweils Mode ist.

Ein wichtige Haltung wird dabei die *Absichtslosigkeit* sein. Entscheidend ist nicht so sehr, ob die Kirche an Mitgliedern und Mitteln wieder stärker wird. Es kommt nicht darauf an, daß wir wieder glänzender dastehen. Eine Kirche erneuert sich vielmehr dann, wenn sie sich an Gott hält und wenn sie zu den Menschen hält. Absichtslos muß sie darum ihren Platz suchen vor allem bei jenen, denen die Erfahrung der Güte des Schöpfers schicksalhaft oder schuldhaft vorenthalten wird. Gerade so kann die Gottesrede im Zeichen des Kreuzes wieder neu einen Platz in unserer Gesellschaft finden und die Kirche damit ihren ureigenen Auftrag erfüllen.

1 Dieser Beitrag war als Impuls für Gruppengespräche zum Thema „Für eine Kirche, die sich erneuert (Jubiläumsjahr 2000)" gedacht. Der Text ist hier leicht überarbeitet, der Charakter eines Impuls-Vortrags aber weitgehend beibehalten worden.

2 H. Schlögel, Art. Acedia, in: LThK³, Bd. I, 109 f., 109.

3 Ebd., 109.

4 K. Rahner, Gnade als Mitte menschlicher Existenz. Ein Gespräch mit und über Karl Rahner aus Anlaß seines 70. Geburtstages, in: ders.; Herausforderung des Christen. Meditationen – Reflexionen – Interviews, Freiburg i. Br. 1975, 117-153, 126.

5 Vgl. U. Schmidt, Kirche in der Postmoderne. Erwägungen eines Vikars, in: Orientierung 63 (1999), 57-60, 57; P. K. Kurz, Gott in der modernen Literatur, München 1996, 119-124.

6 U. Schmidt, a.a.O., 57 f.

7 Vgl. zum folgenden auch N. Schwerdtfeger, Eine „kleine Theologie" des Pastoralbesuches, in: W. Schreer / G. Steins, Auf neue Art Kirche sein. Wirklichkeiten – Herausforderungen – Wandlungen (FS J. Homeyer), München 1999, 49-62, bes. 55-62.

8 W. Schreer / G. Steins, Einleitung. Auf neue Art Kirche sein, in: dieselben, Auf neue Art Kirche sein, 9-16, 12.

9 Vgl. J. B. Metz, Kirche in der Gotteskrise. Oder: Entlaubte Bäume in der postmodernen Landschaft. Eine Einladung zu elementaren Vergewisserungen, in: Frankfurter Rundschau vom 27. 6. 1994.

10 St. Orth, Neu nach Gott fragen, in: Herder Korrespondenz 54 (2000), 1-3, 1.

11 W. Schreer / G. Steins, a.a.O, 12 f.

12 J. Röser, Geht Gott verloren? Religiöse Suche – im Gespräch zwischen Journalisten, Mönchen und Wissenschaftlern, in: CiG 52 (2000) 107-108, 107.

13 J. B. Metz, Kirche in der Gotteskrise: Frankfurter Rundschau vom 27. 6. 1994.

14 Vgl. L. Averkamp, Gebetsschulen einrichten, in: Gottesdienst 32 (1998) 36.

15 Vgl. W. Feneberg, „Auf der Rückseite der Tage wird es geschehen". Die Weite biblischen Denkens, in: Entschluß 43 (1988) 8-9.

16 Vgl. dazu R. Zerfaß, Volk Gottes unterwegs: in der Fremde, unter den Völkern, in: H. Haslinger (Hrsg.), Handbuch Praktische Theologie. Bd. 1. Grundlegungen, Mainz 1999, 167-177. Dieser Beitrag ist offenbar die überarbeitete Fassung der Abschiedsvorlesung von Zerfaß in Würzburg 1999. Der ursprüngliche Text ist ebenfalls publiziert: R. Zerfaß, Das Volk Gottes auf dem Weg in die Minderheit? Zur pastoralen Aktualität einer zentralen Erfahrung Israels, in: KatBl 125 (2000) 42-52. Beide Veröffentlichungen ergänzen sich in einigen Punkten wechselseitig.

17 R. Zerfaß, Das Volk Gottes auf dem Weg in die Minderheit, 50.

18 R. Zerfaß, Volk Gottes unterwegs, 176 f.

19 H. Vogel, Erfahrungen im Bischofsdienst, in: SKZ 164 (1996) H. 3, 32-38, 38.

20 K. Lehmann, Mut zum eigenen Standort entwickeln. Die Zukunft der Kirche in einer pluralistischen Gesellschaft, in: KNA – ÖKI H. 52/53 (1999), 5-11 (Vortrag zum 50jährigen Bestehen der Zeitschrift „Lebendige Seelsorge"), 9.

21 K. Koch, Kirche an der Schwelle zum dritten Jahrtausend (1), in: SKZ 167 (1999) H. 50, 702-709, 707 f.
Die Betonung der Gottesfrage wird nicht selten „vorschnell als Ablenkungsmanöver von notwendigen Kirchenstrukturfragen beargwöhnt und diskriminiert. Von daher ist es ratsam, auf die Stimme eines evangelischen Mitchristen, des Bischofs von Berlin-Brandenburg, Wolfgang Huber, zu hören, der die entscheidende Herausforderung an die Kirchen in der heutigen säkularisierten Gesellschaft an der gleichen Stelle ortet. In seiner sensiblen Situationsvergewisserung über die evangelische Kirche in der heutigen Zeit – ‚Kirche in der Zeitenwende' – erblickt er das elementare Problem darin, daß die Kirchen in Westeuropa in der Versuchung stehen, auf die gesellschaftliche Säkularisierung mit einem Prozeß der Selbstsäkularisierung zu antworten, genauerhin mit einer durchgehenden ‚Ethisierung der Religion': ‚Sie haben den Säkularisierungsprozeß in einem Prozeß der Selbstsäkularisierung aufgenommen. Die moralischen Forderungen der Religion wurden zum dominierenden Thema; die transmoralischen Gehalte der Religion, die Begegnung mit dem Heiligen, die Erfahrung der Transzendenz traten in den Hintergrund.' Demgegenüber sieht Bischof Huber die wichtigste Herausforderung der heutigen Zeit an die Kirche darin, ‚den alle Moral überschreitenden Gehalt des christlichen Glaubens in seiner Bedeutung für die Orientierungsprobleme der Gegenwart zu verdeutlichen.' Von daher fordert er die Kirche auf, ihre spezifische religiöse Kompetenz entschieden zur Geltung zu bringen, weil es für die Kirche ‚vorrangig ist, ihre eigene Botschaft ernst zu nehmen': ‚Strukturelle Reformen müssen sich nämlich aus einer erneuerten Auftragsgewißheit ergeben; verselbständigte Strukturdebatten dagegen laufen ins Leere'" (K. Koch, a.a.O., 708).

22 M. Heimbach-Steins, Ein Original sein. Bedingungen von Kirchlichkeit in der Postmoderne, in: J. Homeyer – G. Steins (Hrsg.), Kirche – postmodern „überholt"? Erfahrungen und Visionen in einer Zeit des Umbruchs, München 1996, 91-114, 104.

23 K. Lehmann, a.a.O., 10.

24 U. Schmidt, a.a.O., 60.

25 Vgl. dazu M. Kehl, Wohin geht die Kirche? Eine Zeitdiagnose, Freiburg i. Br. 1996, 150-158.

26 Vgl. M. Heimbach-Steins, a.a.O., 104 f.

27 A. Delp, Im Angesicht des Todes, München 1947, 107-112, 109 f.

28 H.-J. Höhn, „Wir lernen das Eigene besser im Streit mit dem Fremden". Christentum und urbane Öffentlichkeit, in: K. Hillenbrand / B. Nicht-

weiß (Hrsg.), Aus der Hitze des Tages. Kirchliches Leben in Momentaufnahmen und Langzeitperspektiven (FS K. Lehmann), Würzburg 1996, 193-207, 201 f.

Dieter Haite

Kirche EXPOniert sich: Der Christus-Pavillon der Weltausstellung

Kirche auf Zeit – und was bleibt ...?

Der Christus-Pavillon auf der EXPO 2000, der Weltaustellung in Hannover ist ein einmaliges Projekt. Das Einmalige bezieht sich dabei nicht auf die Größendimension, auf irgendeinen Erlebnisrausch oder den Eventcharakter. Einmalig ist der Christus-Pavillon in seiner Herkunft und in seiner Ausrichtung. Die beiden Großkirchen haben sich in einem mühsamen Anweg dazu entschlossen, einen gemeinsamen Pavillon auf der EXPO zu bauen. Träger waren somit die Deutsche Bischofskonferenz und das Bistum Hildesheim sowie die Evangelische Kirche Deutschlands und die Evangelisch-lutherischer Landeskirche Hannover. Diese Trägerkonstellation birgt in sich eine Verbindung von globaler Ausrichtung und lokaler Einbindung. Das gleiche findet sich in der Begrifflichkeit dieses Pavillons und des Standortes. Wurde zunächst vom christlichen Pavillon auf der EXPO gesprochen, verschob sich die Betitelung mehr und mehr über „Christus-Pavillon“ bis zur „EXPO-Kirche“. Des weiteren wurde der zunächst geplante Standort mehr am Rande im West-Gelände aufgegeben zugunsten des zentralen Platzes an der Plaza, dem Marktplatz der EXPO auf dem neugebauten Ost-Gelände direkt neben „planet m“, dem Bertelsmann-Pavillon, und dem Deutschen Pavillon – zwei von Herkunft und Ausrichtung her markanten EXPO-Teilnehmern. Steht der Deutsche Pavillon für das Ortsland der Ausrichtung, so „planet m“ für die grenzüberschreitende Mediengestaltung.

Noch nie hat es im Kontext der Geschichte der Weltausstellungen eine so starke Beteiligung von Kirchen gegeben. 1967 in Montreal gab es einen Zusammenschluß der christlichen Kirchen vor Ort unter Einbeziehung des völkerrechtlich positionierten Heiligen Stuhles, der zu einem gemeinsamen Pavillon führte. In einem reinen Ausstellungskonzept wurden Photos zu verschiedenen Themen dargestellt. Veranstaltungen oder Gottesdienste gab es dort nicht. In einem Gespräch gab mir P. Beaubien SJ den Hinweis, wenn es gehe, ganz auf Gottesdienste zu verzichten, um den freien Aussstellungscharme einer EXPO nicht zu unterbrechen. Das bringt nun meine Person ins Spiel.

Vor zweieinhalb Jahren wurde ich vom Leiter des Katholischen EXPO-Büros gefragt, ob ich die Aufgabe übernehmen könne, ein Konzept für die Liturgie und Veranstaltungen im Christus-Pavillon zu erarbeiten und zu organisieren. Vorausgegangen war die Einrichtung zweier konfessionsgebundener EXPO-Büros, die jeweils eigene Referenten für die Fachgebiete stellten. Im nachhinein erfuhr ich, daß zunächst Personen außerhalb des lokalen Ortskirchenbereiches angesprochen wurden, weil die Befürchtung bestand, zu provinziell zu sein. Mit einem etwas faden Beigeschmack habe ich die Aufgabe übernommen, im Wissen darüber, daß dieses Projekt unter starkem Erfolgszwang stand und lokal geprägte Ressourcen weniger galten als überregionale Profilierungen.

Was mich besonders für diese Aufgabe qualifizierte, ist der Hintergrund, daß ich an der Gründung eines benediktinischen Stadtklosters beteiligt und somit durch das großstädtisch-säkulare Umfeld geprägt bin, das sich auch in den Besuchern der Weltausstellung spiegelt.

Entgegen mancher Widerstände habe ich mich zusammen mit meinen beiden Kollegen Fritz Baltruweit und Jan Hellwig für ein Liturgiekonzept eingesetzt, das sich im Verlauf der EXPO als glaubwürdig und einladend herausstellte. Zu den Widerständen gehörten Einwände wie „Liturgie ist out“, „Das versteht doch keiner“, „Wir müssen modern sein“, die mich nachdenklich machten. Liturgie als Ausdruck von Glauben war nicht gefragt; Liturgie als Werbespot für die Attraktivität der Kirche dagegen schon.

Die kontroversen Diskussionen, die auch von den verschiedenen Mentalitäten und Glaubenshaltungen der beiden Konfessionen geprägt war, mündeten in ein Konzept, das noch während der laufenden EXPO hinterfragt wurde, also nachdem der „Erfolg“ längst erfahrbar war. Immer wieder wurde in den Diskussionen gesagt, eine Weltausstellung sei ein ganz ungewöhnliches, besonderes Ereignis, das nicht mit der kirchlich-assoziierten Atmosphäre eines Katholiken- oder Kirchentages verglichen werden dürfe. Das Ungewohnte des Kontextes erzwinge ein neues, ungewohntes Verhalten. Es schien, Flexibilität und Mobilität würden zum alleinigen Status erhoben. Daß dieses Ungewohnte einer Weltausstellung auch bedeuten kann, sich in seinem Gewohnten zu zeigen und gleichzeitig offen und einladend zu sein, wurde zeitweise ausgeschlossen. Dabei schließt Mobilität Stabilität nicht aus.

Das zu denken und auch zu fühlen fällt mir als Benediktiner nicht schwer. Wer bewegt ist, weiß um die Kraft der Stabilität, des gehaltenen Stillseins, ohne angehalten zu werden. Und umgekehrt – wer gegenwärtig ist, wird aus der Kraft der Mobilität neue Wege suchen und neue Räume gestalten. Was ich mich allerdings angesichts dieser Diskussionen frage, ist: Was läßt Glauben in Skepsis fallen? Wobei Skepsis etwas anders konturiert ist als Zweifel. Zweifel und Frage sind immer auch ein Weg, Gott zu suchen. Skepsis ist im tiefsten eine Unsicherheit sich selbst und seinem Handeln gegenüber.

So haben wir in der Planung von Liturgie, Ausstellungskonzept und Veranstaltungsbogen darauf geachtet, daß wir und die Besucher uns durch Liturgie und Musik in den Raum ein-wohnen. Ich wähle bewußt dieses etwas ungewöhnliche Wort, weil wir nicht vom Raum Besitz nehmen wollten. Die Idee des Architekten von Gerkan, einen Raum der Transzendenz zu bauen, erforderte von uns die Haltung, dem Raum das Geheimnisvolle zu lassen, uns selbst dem Geheimnis zu überlassen, nicht genau zu wissen, wie Liturgie und Veranstaltungen im Raum wirken.

Ein-wohnen als aktiver Prozeß schließt Mobilität und Stabilität ein. Um die eigenen Traditionen und Formen wissen und gleichzeitig etwas Neues zu wagen, setzt eine Haltung voraus, die in meiner Wahrnehmung Demut im positiven Sinne meint: Mobilität und Stabilität fordern Demut heraus, sich mutig einem offenen Prozeß zu überlassen und manchmal auch zu unterwerfen, um alle Kräfte frei zu haben, für das unbekannt Überraschende.

Auf einer anderen Ebene habe ich erlebt, daß Ressourcen erst dann wirklich zum Tragen kommen, wenn auch die Grenzen sichtbar werden. Angewiesenheit entsteht aus Verschiedenheit. Das ist für mich ein wichtiger Grundsatz geworden, den ich allerdings im ökumenischen Miteinander oft vermißt habe: Unterschiede sollten geglättet werden, Unsicherheiten sollten verdeckt werden. Manchmal habe ich in Gesprächen vorher gefragt, ob ich katholisch sein darf. Ich wollte damit signalisieren, daß für mich Verschiedenheit ein Schatz ist, der die Ressourcen fördert, und Einheit nicht Einheitlichkeit bedeutet. Hier scheint mir, haben wir gemeinsam noch einen langen Weg. Unterschiede und Unsicherheit sind beides Ressourcen, die Menschen zum Lernen befähigen.

Ein-wohnung bedeutet nicht „eine Wohnung“, Ein-wohnung ist ein Prozeß, in dem Menschen lernen, Mobilität und Stabilität miteinander zu verbinden. Solange wir Mobilität und Stabilität mit der Unterteilung von progressiven und konservativen Menschen verwechseln, kann Ein-wohnung nicht geschehen.

So entwickelte sich ein lebendiger Prozeß, in dem wir den Tages-Rhythmus als kurzfristige Beheimatung von uns selbst und den Besuchern konzipiert haben:
Um 9.15 Uhr begann der Tag mit einem Gebet der Mitarbeiter, welches in die Öffnung der Türen des „Christus-Pavillons“ mündete. Von 10.00 Uhr bis 18.00 Uhr fand zu jeder Stunde ein Stundengebet statt. Um den Psalm 8, der auf eigene Weise das EXPO-Thema „Mensch – Natur – Technik“ aufgreift, ranken sich Schriftlesung, Auslegung, Musik, Vaterunser und Segen. Jeweils deutsch/englisch von einem katholischen und einem evangelischen Liturgen vorgetragen, war diese Form von Liturgie Heimat und Fremde zugleich. Es war darin eigentlich nichts Spektakuläres, son-

dern ein altes Tun in einen neuen Raum gesetzt, wobei die Personen jede Woche wechselten und sich von daher immer erst aufeinander einstellen mußten. Nicht zuletzt hat die Zweisprachigkeit jeden einzelnen herausgefordert, sich wirklich in fremder Atmosphäre – auch Sprach-Atmosphäre – auszudrücken. Immerhin haben wir 1.275 Stundengebete im Christus-Pavillon während der EXPO gehalten. Aber nicht die Zahl, sondern das echte, authentische Engagement der verschiedenen Personen hat das Gebet zu Himmel getragen.

Die Veranstaltungen am Abend in ihrer verschiedenen Ausrichtung von Avantgarde bis Gospelmusik, von leisen bis lauten Bewegungen, sowie die Feier der Eucharistie am Wochenende bzw. den evangelischen Gottesdiensten bedeuteten ebenfalls ein Ein-wohnen. Wir haben darauf geachtet, daß keine einseitige Exklusivität entstand, sondern Themen und Ideen zur Darstellung kamen, welche die kulturelle und sinnliche Vielfalt christlichen Empfindens aufzeigten. Gab es an dieser Stelle Spannungen, weil die einen populistisch-werbewirksame Veranstaltungen, die anderen außergewöhnliche-anspruchsvolle Formen bevorzugten – was sich teilweise auch als konfessionsverschiedene Ausrichtung auftat –, ist das Ganze von Liturgie und Veranstaltung dennoch als Komposition einer offenen und gleichzeitig verbindlichen Suche verstanden worden.

Als Benediktiner sehe ich mich suchend zwischen offenen und geschlossenen Räumen. Meine Ressourcen an „Weltlichkeit“ war für viele überraschend. Immer wieder habe ich erlebt, wie man/frau mich auf bittere Weise festgelegt hat, mich für den je eigenen Zweck funktionalisiert hat. Einerseits sollte ich Garant von Stabilität sein, auf den Verlaß ist und der es schon richtig macht. Andererseits sollte ich Garant von Mobilität sein, der kaum etwas ausschließt und alles mitmacht. In diesen einseitigen Haltungen konnte ich mich nicht wiederfinden. Es waren vielmehr die offenen Menschen, die Tag für Tag in den Christus-Pavillon kamen, überraschend und dankbar, fragend und kritisierend, die mich und meine Kollegen herausgefordert haben. Sie fordern kreative Wege, offene Liturgie und auch „fromme" Gebete. Für diese Begegnungen bin ich dankbar. Sie lehren mich, daß Bewegtsein und Gegenwärtigsein keine Widersprüche sind.

Was als offener Prozeß begann, die Liturgie im „Christus-Pavillon" zu konzipieren, endet nicht mit dem Ende der EXPO. Dieser offene Such-Prozeß ermutigt mich, manches wirklich abzuschließen, um wieder neue Räume zu erschließen. Mobilität und Stabilität bedingen einander. Geschlossene Räume und abgeschlossene Prozesse haben auch etwas Barmherziges – sie lassen nämlich manches offen. Es muß nicht alles für die Ewigkeit sein ...

Kurt Koch

Leben mit dem, der lebt

Perspektiven priesterlicher Weggefährtenschaft im Licht von Johannes 21

I. Österlicher Notenschlüssel des priesterlichen Dienstes

„Surrexit dominus vere" – „Der Herr ist wirklich auferstanden" (Lk 24,34). Mit diesem der lukanischen Emmausgeschichte entnommenen Wahlspruch weist Erzbischof Johannes Joachim Degenhardt immer wieder auf das Fundament des christlichen Glaubens hin. Denn mit Ostern, dem Fest der Auferstehung des Herrn, steht oder fällt das Christsein. Schon für die ersten Christen und Christinnen war Ostern ihr Hauptfest. Ein Weihnachtsfest gab es demgegenüber noch nicht, wie sehr uns dies heute auch erstaunen mag. Da stand eindeutig Ostern im Mittelpunkt des Glaubens und des kirchlichen Lebens.[1] Denn in dem den Tod überwindenden Handeln Gottes an Jesus Christus in seiner Auferstehung haben die ersten Christen und Christinnen geradezu Epiphanie erfahren: die Offenbarung der Herrlichkeit Gottes und damit das Hereinscheinen des göttlichen Lichtes in unsere Welt. Dieses Geheimnis haben sie an jedem Sonntag gefeiert, der deshalb der Urfeiertag im ganzen Kirchenjahr ist.

„Nimm die Auferstehung hinweg, und auf der Stelle zerstörst du das Christentum." Mit diesen kernigen Worten hat die alte Kirche das Lebenszentrum und den entscheidenden Ernstfall des christlichen Glaubens überhaupt ausgedrückt. Auf diesen Kern zurückzukommen, dazu sind wir auch heute eingeladen und herausgefordert, zumal im heutigen durchschnittlichen Glaubensbewußtsein weithin nicht der auferstandene Christus, sondern der historische Jesus im Mittelpunkt steht. Dementsprechend konzentriert sich der heutige Glaubensblick weniger auf den Aus-Blick über das irdische Leben hinaus auf die ewige Vollendung bei Gott, sondern eher auf den Ein-Blick in die reale Situation unseres diesseitigen Lebens und unserer Gesellschaft. Und der in früheren Zeiten beklagten Jenseitsvertröstung des Christentums ist heute eine anstrengende Diesseitsvertröstung gewichen.[2]

Den österlichen Kern des christlichen Glaubens wiederzuentdecken macht aber die besondere Verantwortung des Priesters aus. Denn das apostolische Amt überhaupt und damit auch das kirchliche Amt des Priesters folgt aus dieser Kernmitte des christlichen Glaubens. Dies ist bereits bei Paulus im 5. Kapitel des 2. Korintherbriefes deutlich, der ausgerechnet dort, wo er die Mitte des christlichen Glaubens, Tod und Auferstehung Jesu Christi, thematisiert, im gleichen Atemzug auf den tiefsten Grund und das eigentliche Wesen seines apostolischen Amtes zu sprechen kommt. Denn Paulus ist überzeugt, daß Gott uns durch Christus versöhnt und das Amt der Versöhnung gestiftet, daß er also mit der entscheidenden Heilstat der Versöhnung zugleich das Amt der Versöhnung mitgesetzt hat. Dieses im Heilsgeschehen mitgestiftete Amt hat zur Aufgabe, „die von Gott in Jesus Christus schon geschehene Versöhnung, also die Einheit von Gott und Mensch und daraus entspringend die Einheit der Menschen untereinander (und die Einheit im eigenen Herzen), weiterzuvermitteln, so daß sie für alle Menschen und Zeiten wirksame Gegenwart werden kann."[3] Wenn deshalb das Amt im Heilsgeschehen von Kreuz und Auferstehung mitgesetzt ist und wenn der christliche Glaube auch und gerade heute mit dem Geheimnis von Ostern steht oder fällt, dann kann auch der priesterliche Dienst nur in einer österlichen Perspektive wahrgenommen werden. Denn dieser Dienst macht letztlich nur Sinn, wenn der Priester mit Dem lebt, Der lebt, nämlich mit dem auferstandenen und in seinem Geist gegenwärtigen Christus.

II. Priesterliche Weggefährtenschaft im österlichen Licht

Diese österliche Perspektive leuchtet in besonders schöner Weise auf in der Erscheinung des Auferstandenen am See von Tiberias, wie sie uns Johannes im 21. Kapitel seines Evangeliums überliefert. Hier ist die österliche Freude der Jünger bei der Begegnung mit dem Auferstandenen mit Händen zu greifen; und die Frische des Morgens am Galiläischen See ist ein schönes Zeichen der österlichen Hoffnung und der Ausfahrt der werdenden Kirche. In derselben Weise darf auch der Priester in österlicher Hoffnung und deshalb getrost die Ausfahrt auf das offene Meer des priesterlichen Dienstes immer wieder neu wagen. Denn das Leben und Wirken des Priesters steht ganz im Dienst des auferstandenen Christus. Dabei gibt uns das Evangelium von der Erscheinung des Auferstandenen am See den österlichen Notenschlüssel für die Melodie der priesterlichen Weggefährtenschaft mit dem Auferstandenen, der wir im Licht von Johannes 21 nachdenken wollen.

1. Christus wahrnehmen: „Es ist der Herr!“

Beginnen wir bei der Betrachtung des Evangeliums mit einer unscheinbaren Feststellung: Am Ufer des Sees von Tiberias steht ein Unbekannter, den die Jünger, die zum Fischfang aufgebrochen waren, aber keinen Erfolg gehabt haben, nicht erkennen. Sie wissen nicht, daß es Jesus ist. Nur der Jünger, den Jesus liebt, erkennt ihn und sagt zu Petrus: „Es ist der Herr!“ Erst daraufhin erhebt sich Petrus, gürtet sich das Obergewand um und springt ins Wasser, um ihm entgegenzugehen. In dieser unscheinbaren Feststellung ist ein Doppeltes enthalten, das für den priesterlichen Dienst von grundlegender Bedeutung ist.

a) Die ganze Christuswirklichkeit (an-)erkennen

Wer seinen Dienst als Priester glaubwürdig leben will, muß *erstens* Jesus Christus gesehen haben und muß ihn kennenlernen, und zwar als den Auferweckten, wie er sich den Jüngern zu erkennen gibt. Die Lebensaufgabe des Priesters liegt deshalb darin, Jesus Christus sehen zu lernen und ihm auf vielfachen Wegen näherzukommen, und zwar der ganzen Wirklichkeit Jesu Christi. Denn dieser vertraute Umgang mit dem auferstandenen Christus ist die unabdingbare

Voraussetzung dafür, daß der Priester Christus in und gegenüber der Gemeinde repräsentieren kann. Seine besondere Aufgabe besteht darin, daß er Christus, den Herrn der Kirche, sichtbar und hörbar macht, daß er ein transparentes Zeichen für ihn ist und sein Heil sakramental vergegenwärtigt. Es macht geradezu den Kern des priesterlichen Dienstes aus, sich den Menschen als bescheidenes Abbild des unsichtbar gegenwärtigen und hohepriesterlich wirkenden Christus zur Verfügung zu stellen und ihn sakramental den Sinnen zugänglich zu machen, damit er an den Menschen das Heil wirken kann. Wenn in dieser ikonographischen Funktion der Priester als Christi Realsymbol „der sinnenhaft erfahrbare ‚Ort' der Gegenwart des Herrn" ist[4], dann ist das priesterliche Amt reiner Verweis und vermittelnde Transparenz auf Christus hin und damit wesenhaft „Vikariat".

Wie Glasfenster eines Hauses den Kontakt zwischen der Wirklichkeit draußen und drinnen nicht (zer-)stören, sondern in ihrer vermittelnden Transparenz den Kontakt zwischen Tageslicht und Zimmerdunkel gerade ermöglichen, so ist auch der Priester berufen, ein durchsichtiges Fenster auf den auferstandenen Christus hin zu sein. Deshalb darf er in seinem amtlichen Auftrag gerade nicht die Unmittelbarkeit des einzelnen Menschen zu Christus stören, sondern hat sie zu ermöglichen. Der Priester ist in die Pflicht genommen, als transparente Ikone Jesu Christi zu leben und zu wirken, die in entscheidenden kirchlichen Vollzügen allein „in persona Christi" handeln kann.

Von daher gewinnt die traditionelle Aussage, daß der Priester vor allem in der Feier der Sakramente „in persona Christi" handelt, ihre ursprüngliche Bedeutung zurück. Denn der Ordinierte spielt in der Liturgie die Rolle Jesu Christi selbst. Dieses Verständnis legt sich jedenfalls nahe, wenn man bedenkt, daß „Person" im antiken Theater die Rolle bezeichnet, die der Schauspieler zu übernehmen und darzustellen hat.[5] Wie es im Theater entscheidend wichtig ist, daß der Schauspieler seine eigene Person zurücknimmt oder besser voll und ganz einbringt in jene Rollen-Person, die er zu spielen hat, so kommt auch in der Liturgie alles darauf an, daß nicht die Person des Liturgen im Mittelpunkt steht, sondern die Person Jesu Christi selbst. Der Liturge muß deshalb ganz und gar transparent sein für die Person Jesu Christi, die in der Kraft und Gegenwart des Heiligen Geistes in der Liturgie das eigentlich handelnde Subjekt ist und die vom Liturgen repräsentiert wird. Da im Liturgen folglich die Person Jesu Christi ganz durchklingen (personare) können soll, wird deutlich, daß die Epiklese, die Herabrufung des Heiligen Geistes, im Mittelpunkt der christlichen Feier der Sakramente und vor allem der Eucharistie steht, und zwar so sehr, daß die Eucharistie selbst ein ebenso demütiges wie wirkmächtiges Gebet um das Kommen des Heiligen Geistes ist und daß Eucharistie und Epiklese letztlich miteinander identisch sind.

Nur als „Vikar“ Christi kann der Priester den Menschen helfen, in der Gegenwart des auferweckten Christus zu leben. Diesen Zugang zum Auferstandenen zu erschließen macht die Mitte des priesterlichen Dienstes aus. Diese Aufgabe wird freilich in der heutigen Situation nicht leicht sein. Zumal in der heutigen Gesellschaft, die sich durchgehend durch Multikulturalität und damit auch Multireligiosität auszeichnet, stellt sich mit besonderem Ernst die Frage, wie der Christusglaube der Kirche angesichts des vielfältigen Religionsangebotes von heute redlich verantwortet werden kann, ohne den Christusglauben zu einer bloß humanistischen Jesulogie herunterzustufen. In der Tat muß der Gegensatz, dem wir uns heute ausgesetzt sehen und dem wir uns stellen müssen, in der Kurzformel „Jesus ja – Christus nein“ oder „Jesus ja – Sohn Gottes nein“ umschrieben werden. In dieser Formel verschafft sich die durchschnittliche Einstellung des heutigen Menschen Ausdruck, der sich vor allem berühren läßt von allen menschlichen Dimensionen an Jesus von Nazareth, dem aber das Bekenntnis, dieser Jesus sei der eingeborene Sohn Gottes, der als der Auferweckte in der Gestalt und Person des Heiligen Geistes unter uns gegenwärtig ist, und insofern der kirchliche Christusglaube weithin Mühe bereitet. Denn dessen Kernmitte besagt, daß Christus der *einzige* Sohn Gottes ist, daß in ihm wirklich

Gott als Mensch unter uns gegenwärtig ist und daß er folglich der entscheidende Weg zu Gott ist.

Dieser Glaube steht freilich quer zur weit verbreiteten Tendenz in der heutigen Welt und teilweise auch in der Kirche, die sich schwer damit tun, in Jesus Christus *die* Offenbarung Gottes schlechthin zu sehen. Man erblickt in Jesus vielmehr nur *eine* Offenbarungsgestalt unter vielen anderen, und zwar in der Annahme, daß das Geheimnis Gottes sich in keiner Offenbarungsgestalt ganz zeigen könne. In dieser Stoßrichtung behaupten heute etwelche religionspluralistische Theologien, daß es unmöglich sei, daß sich Gott selbst in der historischen Gestalt Jesus von Nazareth endgültig offenbart habe, daß er sich in ihm höchstens für uns Menschen in Europa gezeigt habe. Dementsprechend gebe es nicht nur eine Vielfalt von Religionen, sondern auch eine Pluralität von Offenbarungen Gottes, und demgemäß sei Jesus Christus *ein* religiöses Genie neben vielen anderen. Diese Tendenzen machen die Grundannahme des modernen Menschen sichtbar, die davon ausgeht, daß wir Gott selbst nicht erkennen können, daß vielmehr auch der christliche Glaube nur *eine* symbolische Darstellung Gottes unter vielen anderen bietet. Hier liegt der Grund, daß man den Christusglauben möglichst klein schreiben möchte, zumal in der Begegnung mit anderen Religionen, wie nicht zuletzt die heftigen Reaktionen auf die Erklärung der Glaubenskongregation „Über die Einzigartigkeit und die Heilsuniversalität Jesu Christi und der Kirche“ mit dem Titel „Dominus Iesus“ gezeigt haben.

Mit dieser religionspluralistischen Bestreitung, daß Jesus Christus der eine und einzige und damit zugleich universale Mittler des Heils für alle Menschen ist, ist der wohl zentralste und fundamentalste Punkt des christlichen Glaubens berührt. Denn dabei steht die Identität des Christentums und der christlichen Kirche auf dem Spiel.[6] In der heutigen Situation ist freilich die Angst, der Glaube an die Gottheit Jesu Christi entfremde ihn uns, selbst unter Christen weit verbreitet. Hinter der Tendenz, Christus und Gott voneinander zu trennen, steht, tiefer gesehen, aber der Zweifel, ob Gott uns überhaupt so nahe sein könne und ob er sich so weit zu uns hinunter beugen dürfe, wie er es in seinem Sohn getan hat. Wenn aber umgekehrt Gott nicht in Christus gegenwärtig ist, dann rückt er in eine unmeßbare Ferne. Deshalb ist der Christusglaube in der Tat der Ernstfall unseres Gottesglaubens überhaupt, und deshalb muß, wie Kardinal Joseph Ratzinger unlängst mit Recht betont hat, eine Erneuerung des Christusglaubens den „Mut haben, Christus in seiner ganzen Größe zu sehen, wie ihn die vier Evangelien zusammen in ihrer spannungsvollen Einheit zeigen."[7]

Solcher Mut ist vor allem vom Priester zu erwarten, wie bereits der Jünger, den Jesus liebt, bekennt: „Es ist der Herr!" Christuserkenntnis ist immer Erkenntnis des durch Menschenhand Getöteten, aber durch Gotteshand Auferweckten, wie es uns das Evangelium von der Erscheinung des Auferstandenen am See unmißverständlich vor Augen führt. Diesen Jesus Christus zu verkünden und mit dem eigenen Leben zu bezeugen macht die Grundaufgabe des Priesters auch und gerade heute aus. Das Zweite Vatikanische Konzil hat deshalb die entscheidende Identität des Priesters – wie übrigens auch des Bischofs – gerade nicht von der Sakramentenspendung, sondern von der Verkündigung des Wortes Gottes her neu umschrieben, wenn es betont hat: „Das Volk Gottes wird an erster Stelle geeint durch das Wort des lebendigen Gottes, das man mit Recht vom Priester abverlangt. Da niemand ohne Glaube gerettet werden kann, ist die erste Aufgabe der Priester als Mitarbeiter der Bischöfe, allen die frohe Botschaft Gottes zu verkünden."[8]

Der Priester ist in erster Linie berufen und verpflichtet, Botschafter des Evangeliums zu sein. Was dies genauerhin bedeutet, dafür kann uns der heilige Augustinus ein hilfreicher Wegbegleiter sein. Er sah das Amt des Priesters vorgebildet in der Gestalt des Johannes des Täufers.[9] Dieser wird im Neuen Testament bekanntlich *„Stimme"* genannt, währenddem Christus als *„Wort"* bezeichnet wird. Es ist genau dieses Verhältnis von Wort und Stimme, das das Wesen des priesterlichen Dienstes zu verdeutlichen hilft: Wie nämlich das Wort, bevor es durch die Stimme sinnlich vernehmbar werden kann, bereits im Herzen des Menschen, der es spricht, lebt, so besteht die schöne Aufgabe des Priesters darin, sinnlich-lebendige Stimme für das vorgängige Wort zu sein. Dabei ist auch die Beobachtung von entscheidender Bedeutung, daß der sinnliche Klang, nämlich die Stimme, die das Wort von einem Menschen zu einem anderen trägt, vorübergeht, währenddem das Wort bleibt. Denn die menschliche Stimme hat keinen anderen Sinn als den, das Wort zu vermitteln; danach kann und muß sie wieder zurücktreten und verstummen, damit das Wort im Mittelpunkt bleibt. Aus diesen Beobachtungen schließt der heilige Augustinus, daß der Priester wie Johannes der Täufer ein reiner Vorläufer, ein im buchstäblichen Sinn vor-läufiger, genauerhin vorlaufender Mensch sein muß und nur so Diener am Wort Gottes sein kann.

Mit bestem Recht betont deshalb das Priesterdekret des Zweiten Vatikanischen Konzils: „Niemals sollen sie (sc. die Priester) ihre eigenen Gedanken vortragen, sondern immer Gottes Wort lehren und alle eindringlich zur Umkehr und zur Heiligung bewegen.“[10] Dies kann glaubwürdig nur gelingen, wenn der Priester in seinem Reden zu erkennen gibt, daß er gerade nicht von sich selbst redet, sondern sich zur Stimme Christi macht, um so seinem Wort Raum zu geben und das Leben dafür zu investieren, daß Christus in allem den Vorrang hat. Denn letztlich geht es nicht um die Stimme, sondern um das Wort. Der Priester steht ganz und gar in seinem Auftrag, freilich nicht in der Gestalt eines Telegrammboten, der fremde Worte einfach getreulich weiterleitet, ohne daß sie ihn betreffen würden. Denn es zeichnet den getreuen Telegrammboten aus, daß er vom Inhalt des Textes nicht neugierig Kenntnis nimmt. Um eine ganze Welt verschieden aber ist der Priester, der das Wort Gottes persönlich weitergeben und sich selbst so aneignen muß, daß es sein eigenes Wort wird. Die Botschaft des Evangeliums „verlangt nicht einen Fernschreiber, sondern einen Zeugen“[11]. Der priesterliche Dienst am Wort erfordert deshalb jene tiefgreifende Selbstenteignung des Priesters, die der

Jünger am See Tiberias mit dem Bekenntnis ausgesprochen hat: „Es ist der Herr!"

b) Christus lieben

Dieses Bekenntnis konnte der Lieblingsjünger Jesu *zweitens* nur deshalb aussprechen, weil er selbst liebte. Denn nur Liebe erkennt wirklich. Im Glauben gilt es deshalb, der alten Volksweisheit, Liebe mache blind, von Grund auf zu widersprechen. Verliebtheit mag sehr wohl blind machen, nicht hingegen Liebe. Liebe macht vielmehr sehend. Aus Liebe sehend zu werden und andere Menschen sehen zu lehren, darin liegen das schöne Angebot und die anspruchsvolle Herausforderung des priesterlichen Dienstes. Denn diese Berufung steht und fällt mit einer persönlichen Beziehung zu Christus, dem Auferstandenen, die jeden Tag gepflegt werden will. Denn wie soll der Priester den Auferstandenen, vor allem in der Feier der Eucharistie, repräsentieren können, wenn er nicht selbst in einer freundschaftlichen Beziehung mit Christus lebt? Auch und gerade die priesterliche Lebensform der Ehelosigkeit kann letztlich nur gelingen, wenn sie nicht einfach als kirchenrechtliche Pflicht übernommen, sondern als Ausdruck der inneren Christusbeziehung gestaltet wird.

Es muß deshalb bleibend zu denken geben, daß die entscheidende Frage, die der Auferstandene im Johannesevangelium an Petrus stellt, bevor er ihm die Sendung anvertraut, seine Schafe zu weiden, heißt: „Simon, Sohn des Johannes, liebst du mich?" (Joh 21,16). Jesus wiederholt seine Frage dreimal, um unmißverständlich deutlich zu machen, daß in der Liebe das wichtigste Kriterium für eine spezifische Berufung in der Nachfolge Jesu liegt. Für geschulte Ohren von modernen Christen und Christinnen mag diese Konzentration auf das eine Kriterium der Liebe zu Christus seltsam klingen. Doch wir können das Evangelium drehen und wenden, wie wir wollen, wir kommen nicht an der Feststellung vorbei: Der Auferstandene fragt Petrus nicht nach seinem künftigen pastoralen Programm und schon gar nicht nach seinem kirchenpolitischen Kurs, den er einzuschlagen gedenkt. Der Auferstandene fragt Petrus nicht einmal danach, ob ihn die anderen Jünger und das Volk Gottes wohl annehmen werden. Nein, Christus fragt Petrus allein nach seiner Liebe zu ihm: „Simon, Sohn des Johannes, liebst du mich?"

Diese entscheidende Frage stellt Christus auch dem Priester: „Liebst du mich?" Die frohe und konsequente Beantwortung dieser Frage ist die unabdingbare Voraussetzung dafür, daß ein getaufter Christ das Priesteramt übernehmen und ausüben kann. Mit dieser Frage kommt an den Tag, was das tiefste Wesen der Kirche und was die Grundbedingung für das Priesteramt in der Kirche ist. Das Johannesevangelium gibt uns darauf die schöne Antwort: Die Kirche und damit das Priesteramt in ihr leben von derjenigen Liebe, mit der Christus selbst uns liebt. Die Kirche wird deshalb allein dadurch immer besser Kirche und ein Priester wird dadurch ein guter Hirte, daß sie die bis zum Äußersten gehende Liebe Jesu Christi sichtbar darstellen und wirksam bezeugen. Der Dienst des Priesteramtes besteht deshalb vor allem darin, daß Christus selbst seinen Dienst an der Kirche ausüben kann: Das Priesteramt ist kirchlicher Dienst für den Dienst Jesu Christi an seiner Kirche.

Damit der Priester durch seinen Dienst den Dienst Jesu Christi an seiner Kirche sichtbar darstellen kann, braucht er immer wieder den Lebensraum des Gebetes. Denn hier kann er erfahren, daß im christlichen und kirchlichen Leben das Entscheidende von Gott her geschieht. Priester müssen sich deshalb immer wieder genügend Zeit für das persönliche Gebet nehmen, und zwar auch und gerade zugunsten der ihnen anvertrauten Menschen. Denn Hirtensorge ohne den langen Atem führt entweder in rastlose Kurzatmigkeit oder früher oder später in die Resignation und in den heute viel beschworenen Frust der Kirchenfunktionäre: Priesterlicher „Dienst ohne Innerlichkeit wird zu leerem Aktivismus"[12]. Den für den priesterlichen Dienst notwendigen langen Atem können wir aber nur von jener Wirklichkeit empfangen, die diesen Namen wirklich verdient, nämlich vom Pneuma, vom Heiligen Geist.

2. *Sprung ins Wasser im Vertrauen auf die Schwerkraft der Gnade*

Den Ernstfall einer persönlichen Christusbeziehung demonstriert im Evangelium von der Erscheinung des Auferstandenen am See Petrus, der ins Wasser springt und damit offenkundig macht: Zu Jesus Christus kann man nur kommen, wenn man genügend Vertrauen hat und den Mut aufbringt, über das Wasser zu gehen und sich seiner Schwerkraft, genauerhin der Schwerkraft der Gnade, anzuvertrauen. Darin liegt eine weitere grundlegende Wegweisung des Evangeliums für den priesterlichen Dienst. Er ist letztlich nur in der Kraft der Gnade möglich. Diesbezüglich ist die Sendung des Priesters der Kunst ähnlich, die ebenfalls im Kraftfeld der Gnade lebt. Deshalb pflegt man von einem Künstler, dem ein Werk gelungen ist, zu sagen, er sei ein begnadeter Künstler. Sollte man einem Priester nicht ein analoges Zeugnis ausstellen können?

Diese Grundüberzeugung des christlichen Glaubens steht freilich quer zur heutigen Mentalität in der Gesellschaft und selbst in der Kirche. Denn heute haben wir uns angewöhnt, uns aufs Machen zu verstehen und uns aufs Machen zu verlassen. „Wie macht man das?" Dies ist die alles entscheidende Frage geworden, auch in der Kirche und in ihrer Pastoral. Und wenn man weiß, wie man's macht, hindert einem nichts daran, es eben zu machen. Auf jeden Fall ist auch in der heutigen Kirche das Handeln und Machen großgeschrieben. Als Legitimation dafür pflegen wir uns gerne mit unseren erworbenen Qualifikationen zu empfehlen.

Mit dieser angeblich so modernen Mentalität hatte sich freilich schon Paulus auseinanderzusetzen, wenn er den Korinthern gegenüber einschärft, daß sie sich selbst nichts zuschreiben können, weil sie zu so großem Vertrauen zu Gott gar nicht fähig sind. Unsere Befähigung stammt vielmehr von Gott: „Er hat uns fähig gemacht, Diener des Neuen Bundes zu sein" (2 Kor 3,6). Denn es ist Gott selbst, der uns qualifiziert. Dies mindert selbstverständlich nicht den Wert unserer menschlichen und pastoralen Qualifikationen. Ganz im Gegenteil; wer von uns wollte verleugnen, was er seiner menschlichen Bildung und theologischen Ausbildung verdankt? Bei allem Wert dieser menschlichen Qualifikationen und Zeugnisse bleiben wir aber auf der anderen Seite stets darauf angewiesen, daß Gott uns das Zeugnis ausstellt, daß Er uns für tauglich erklärt und daß Er uns in seinen Dienst nimmt.

Wenn Gott uns qualifiziert, dann kann die alles entscheidende Frage im priesterlichen Dienst nicht heißen: „Wie *macht* man das?" Die grundlegendere Frage muß dann vielmehr heißen: „*Wie* kann man das?" Dies ist jene Frage, die der große reformierte Theologe Karl Barth in seiner damals ebenso schwierigen Situation emphatisch gestellt hat. In seinem berühmt gewordenen Vortrag „Not und Verheißung der christlichen Verkündigung" schreibt er: „Wir sollen als Theologen von Gott reden. Wir sind aber Menschen und können als solche nicht von Gott reden. Wir sollen beides, unser Sollen und unser Nicht-Können, wissen und eben damit Gott die Ehre geben. Das ist unsere Bedrängnis. Alles andere ist daneben Kinderspiel."[13]

Die dialektische Theologie Karl Barths mit ihren steilen Formulierungen ist zweifellos in der Zwischenzeit auch in ihrer Schwäche durchschaut worden. Aktuell geblieben aber ist bis auf den heutigen Tag ihre Stärke; und diese liegt in der Leidenschaft für Gott, die sich in den bohrenden Fragen ausdrückt: Wie können wir es als Menschen überhaupt wagen, von Gott zu reden? Kann man Gottes Wort überhaupt in unseren menschlichen Mund nehmen? Woher bekommt unser theologisches Reden von Gott sein Recht und seine Vollmacht? Und wie können wir das Wirken Gottes in den sakramentalen Zeichen glaubwürdig vergegenwärtigen?

Es wäre gut, wenn sich Priester in ihrer seelsorgerlichen Arbeit von diesen bohrenden Fragen immer wieder bewegen lassen und wenn sie nicht stets um die Frage kreisen, wie man's macht, sondern von der Frage ausgehen, wie man das kann?[14] Von daher würde gewiß auch der schöne Sinn der katholischen Tradition wieder einleuchten, daß die legitime Antwort auf die Frage, wie man das kann, in der Ordination besteht.[15] Indem die Weihe als Sakrament gilt, erinnert sie den Priester daran, daß er zunächst empfängt, was er sich überhaupt nicht selbst besorgen kann, und daß er sich nicht krampfhaft darum bemühen muß, selbst groß herauszukommen, daß seine Verantwortung vielmehr darin liegt, daß Gott in seinem Handeln durchkommen kann. Denn wir empfangen, was Gott uns schenkt. Er qualifiziert uns.

Das sakramentale Zeichen der Ordination bürgt dafür, daß sich die Kirche die Sakramente nicht selbst geben kann, daß sie sie vielmehr nur vom Herrn her durch die Vermittlung der Kirche empfangen kann. Dies sichtbar darzustellen macht die besondere Sendung des Priesters in der Glaubensgemeinschaft der Kirche aus. Denn das Sakrament des Ordo bringt zum Ausdruck, daß das Entscheidende in der Kirche nicht vom Menschen her geschieht, sondern von Christus her. Er ist das Haupt der Kirche. Das ordinierte Amt in der Kirche ist berufen und verpflichtet, diesen elementaren Geschenkcharakter im kirchlichen Leben zu versichtbaren und zu repräsentieren. Für diese Herkünftigkeit der Kirche von Christus her hat das ordinierte Amt gerade in der Widerständigkeit und Widerborstigkeit einer Institution zu stehen, worauf Eva-Maria Faber mit Recht insistiert: „Die Verwiesenheit der Kirche auf Gott und die unwiderrufliche und unbeirrbare Bindung Gottes an die Kirche darzustellen und wirksam zu machen, ist der Sinn des Amtes. Das Amt bildet innerhalb der Kirche ein von außen verfügtes und nach außen aufbrechendes Strukturmoment, das es ihr verbietet, sich selbstgenügsam in sich selbst zu verschließen."[16]

Das Zeichen der sakramentalen Ordination ist genauerhin deshalb notwendig, um der ganzen Kirche immer wieder vor Augen zu halten, daß sie nicht in sich selbst gründet, sondern ihren wahren Grund jenseits ihrer selbst hat. Denn Kirchesein und Christsein sind nicht einfach natürliche Möglichkeiten des Menschseins und der menschlichen Gemeinschaft. Christen und Christinnen sind nicht einfach religiös denkende und empfindende Menschen, die sich für Gott interessieren und sich wegen dieses gemeinsamen Interesses zu einer Kirchengemeinschaft zusammenschließen. Als Christen und als Kirche leben wir vielmehr aus dem, was uns selbst und unsere natürlichen Möglichkeiten unendlich übersteigt; und wir sind gerufen in die Gemeinschaft des je größeren Gottes. Kirche ist deshalb im tiefsten der Lebensort, an dem genau das, was uns übersteigt, uns geschenkt wird als jener Grund, auf dem wir leben dürfen: „Weil Kirchesein nicht natürliche Möglichkeit menschlicher Gemeinschaft ist, darum gibt es ein Amt, das nicht eine Sache der Delegation ist, sondern der sakramentalen Sendung."[17]

Das priesterliche Amt ist, wie ein ökumenisches Dokument mit Recht betont, das „Zeichen der Priorität der göttlichen Initiative und Autorität im Leben der Kirche".[18] Denn als der Auferstandene will Christus selbst auch heute unter uns sein, und zwar als der eine Pastor seiner Kirche. Alle menschlichen „pastores" können deshalb nur den Sinn haben, mit ihrer seelsorgerlichen Tätigkeit den einen Pastor der Kirche sichtbar darzustellen. Mit ihrem pastoralen Handeln können sie nur ausdrücken und symbolisieren, was Christus selbst tut. Pastorales Wirken ist deshalb nicht *her*-stellendes Handeln, dessen Hauptkriterium in der Effizienz liegt, wie freilich moderne Wortschöpfungen wie „Pastoralkonzepte" und „Seelsorgestrategien" zeigen. Pastorales Wirken ist vielmehr *dar*-stellendes Handeln, das sichtbar macht, was vor-gegeben ist, nämlich das pastorale Wirken des einen Pastors Jesus Christus in seiner Kirche. Von daher versteht es sich, daß sich das den einen Pastor der Kirche darstellende Handeln des priesterlichen Wirkens primär im Gottesdienst ereignet. Hier dürfen wir die Liebe des Erz-Pastors Christus zu seinen Pastoren spüren. Und als Antwort auf diese Liebe Gottes wird sich sodann die Gegenliebe der Pastores im Dienst für die ihnen anvertraute Herde verleiblichen.

Darin liegt zweifellos die schönste Entlastung des Priesters in allen seinen pastoralen Belastungen. Denn wenn Christus selbst der Pastor seiner Kirche ist und wenn er durch menschliche pastores und ihre seelsorgerliche Tätigkeit eigentlich „nur" dargestellt wird, dann geht es im priesterlichen Dienst nicht um ein effizientes Her-Stellen und Machen, sondern um ein glaubwürdiges Dar-Stellen des Wirkens Christi in Sakrament und Wort, in der Diakonie und in der pastoralen Begleitung von Menschen. Darin besteht jene frohe Entlastung im priesterlichen Dienst, von der der Erzbischof von Brüssel, Kardinal Frans Daneels, ein beredtes Zeugnis gibt. Während eines Gespräches mit Verantwortlichen der Arche sagte er: „Wenn ich von einem langen Arbeitstag nach Hause komme, gehe ich in die Kapelle und bete. Ich sage dem Herrn: ‚Das reicht für heute, jetzt ist es genug. Jetzt wollen wir mal ernsthaft miteinander reden: Ist das Deine Diözese oder meine?‘ Der Herr antwortete mir dann: ‚Was meinst du?‘ Ich antwortete dann: ‚Ich meine, es ist deine.‘ ‚Das stimmt‘, sagt mir der Herr, ‚es ist meine.‘ Und ich sage ihm: ‚Gut, Herr, dann übernimm du die Verantwortung für die Diözese und ihre Leitung. Ich gehe jetzt schlafen.‘“ Und der Kardinal fügte noch hinzu: „Das gilt für Eltern genauso wie für die Verantwortlichen einer Diözese oder einer Gemeinschaft.“ Ja, dies gilt für alle im pastoralen Dienst der Kirche.

3. Kirche als Raum der Fische Jesu Christi

Von daher erschließt sich eine weitere grundlegende Wegweisung unseres Evangeliums, die freilich verschlüsselt ist in der merkwürdigen Geschichte von den 153 Fischen, die Petrus ans Land zieht. Was hat diese präzise Zahl zu bedeuten? Schon die Kirchenväter haben darauf hingewiesen, daß der Zahl 153 die Zahl 17 zugrundeliegt. 17 aber ist die Zahl jener Völker, die im Pfingstbericht erwähnt werden. Wie diese 17 Völker des Pfingstberichts auf die Kirche aus allen Völkern verweisen, so deuten die 153 Fische auf die Weite der Kirche Jesu Christi hin, die alle Arten von Fischen in sich bergen und ihnen Raum geben soll. Der jüdische Gelehrte Robert Eisler hat zudem darauf aufmerksam gemacht, daß 153 die Summe der Zahlenwerte von Simon (76) und Ichthys (77) ist und daß folglich der Fisch Jesus Christus und Petrus zusammengehören und nicht voneinander zu trennen sind. Damit ist uns ein wunderschönes Bild von der Katholizität der Kirche geschenkt. Das Evangelium hebt ja ausdrücklich hervor, daß das Netz nicht zerriß, obwohl es so viele Fische waren. So muß auch die Kirche der Raum aller Fische Jesu Christi sein. Diesem universalen und wahrhaft katholischen Lebensraum der Kirche will die Sendung des Priesters dienen. Denn diese Sendung hat ihr Ziel im Aufbau und im Dienst an der Einheit der Kirche.

Der Priester repräsentiert deshalb nicht nur Christus gegenüber der Gemeinde. Er ist vielmehr auch der sakramental ordinierte Repräsentant der Kirche. Beide Dimensionen gilt es in gleicher Weise ernst zu nehmen: Das ordinierte Amt ist auf der einen Seite *christologisch* geprägt, und zwar aufgrund von Weihe und Sendung, und von daher dazu bestimmt, Jesus Christus in seinem Heilswerk in Wort und Heiligung sakramental zu vergegenwärtigen, also „in persona Christi“ zu handeln und der ganzen Glaubensgemeinschaft gegenüber Christus als den Herrn der Kirche zu repräsentieren. Auf der anderen Seite ist das ordinierte Amt aber auch *pneumatologisch* geprägt und dazu bestimmt, „in persona ecclesiae“ zu handeln und die Glaubensgemeinschaft der Kirche vor Gott und vor der Welt zu repräsentieren. In pneumatologischer Sicht steht das Amt deshalb mitten im Lebensgefüge der Kirche als ihr amtliches Organ, um den Glauben der Kirche zu bezeugen, den priesterlichen Charakter des ganzen Gottesvolkes darzustellen und die vom Heiligen Geist gewirkte Einheit der Kirche zu vergegenwärtigen.

Werden diese beiden Dimensionen voneinander getrennt, kommt es zu Gleichgewichtsstörungen. Versteht man das Amt nur christologisch, was weitgehend die Tendenz der lateinischen Theologie gewesen ist, droht es in der Kirche isoliert dazustehen, und zwar vor allem im Vorzeichen von potestas und auctoritas. Wird das Amt hingegen allein pneumatologisch verstanden, was die vorwiegende Tendenz der reformierten Amtstheologie ist, dann wird es zu einem charismatischen Dienst unter den anderen geistgewirkten Diensten innerhalb der Kirche nivelliert. Für ein wirklich theologisches Verständnis des ordinierten Amtes kann man deshalb weder von der Christologie noch von der Pneumatologie allein ausgehen. Die Kirche als Ganze ist vielmehr die

Schöpfung des dreieinen Gottes. Denn sie ist vom Vater begründet als ein Volk, das zwar im Heiligen Geist eins ist und das doch in seiner Gestalt so *strukturiert* ist, daß in dieser Einheit der Primat Jesu Christi sakramental in Erscheinung tritt. Dementsprechend muß auch die Theologie des ordinierten Amtes von der Trinität ausgehen, genauerhin „vom Vater, der Christus und Geist in untrennbarer Einheit sendet, um sein Volk zu schaffen, das aufgrund des zweieinen Wirkens von Christus und Geist von vorneherein und nicht erst nachträglich eins ist in der Differenz verschiedener Dienste, in denen das Amt *als Amt* gegenüber dem Laientum die Sendung Christi sakramental zu vergegenwärtigen hat"[19].

Für die Theologie des Amtes impliziert das trinitätstheologische Prinzip der Einheit von Communio und Differenz die spezifische Struktur eines gleichzeitigen „In-Sein" und „Gegenüber-Sein" des Amtes in und zur Gemeinde, und zwar in dem Sinne, daß der ordinierte Amtsträger inmitten der Gemeinde als eines ihrer getauften Glieder ist und daß er gegenüber der Gemeinde als sakramentales Zeichen des Primates Jesu Christi in Erscheinung tritt und wirkt. Diese Grundspannung von „In-Sein" und „Gegenüber-Sein" ist bereits von Augustinus im Blick auf sein eigenes Bischofsamt klassisch so formuliert worden: „Wo mich erschreckt, was ich für euch bin, da tröstet mich, was ich mit euch bin. Für euch bin ich Bischof, mit euch bin ich Christ. Jenes bezeichnet das Amt, dieses die Gnade. Jenes die Gefahr, dieses das Heil."[20] Beides gehört unlösbar zusammen. Denn will ein Bischof – und Analoges gilt für den Priester – nur „für" sein, dann dementiert er das „In-Sein" im gemeinsamen Taufpriestertum und droht ein christomonistischer Monarch zu werden. Will ein Bischof aber nur „in" – im verräterischen Doppelsinn dieses Wortes! – sein, dann verleugnet er seine amtliche Sendung der sakramentalen Repräsentation Jesu Christi und droht ein pneumatomonistischer Demokrat zu werden.

In beiden Fällen aber wird das theologische Wesen der Kirche verraten, das Hugo Aufderbeck, ein verstorbener Bischof in der ehemaligen DDR, treffend umschrieben hat: „Die Kirche ist keine Demokratie, denn wir stehen alle unter dem einen Herrn. Die Kirche ist aber auch keine Monarchie, denn wir alle sind Schwestern und Brüder."[21] Demgemäß muß das ordinierte Amt von der Grundspannung von pneumatologischem „In-Sein" und christologischem „Gegenüber-Sein" in einer glaubwürdigen trinitarischen Vermittlung leben. Beides gehört zusammen, weil das ordinierte Amt gesandt ist, auch und gerade in der liturgischen Versammlung dem unsichtbar gegenwärtigen und an seiner Gemeinde handelnden dreieinen Gott Mund und Hand zur Verfügung zu stellen.

4. Kirchliche Mahlgemeinschaft: „Kommt her und eßt!"

Von daher leuchtet ein, daß die Glaubensgemeinschaft der Kirche ihren schönsten Ausdruck im gemeinsamen Essen findet. Es ist kein Zufall, daß unser Evangelium genau dahin zielt: „Kommt her und eßt!" Jesus nimmt das Brot und gibt es den Jüngern, ebenso den Fisch. In diesem gemeinsamen Essen offenbart sich Jesus den Jüngern als der Auferstandene. Dieses Frühstück, das Jesus den Seinen am See Tiberias bereitet, weist aber schon über sich hinaus auf die Eucharistie, in der sich uns Christus auch heute in besonderer Weise offenbart und schenkt. Die Kirche ist deshalb in erster Linie Eucharistiegemeinschaft, und in ihr ist am besten verdichtet, worum es auch im priesterlichen Wirken geht: den auferstandenen Christus zu erkennen als den Herrn, in dessen Dienst der Priester steht.

Das Wort Gottes, das zu verkünden der Priester berufen ist, ist nämlich ein sakramentales Wort. Da wir Christen an das Wort glauben, das Fleisch geworden ist und das in den Sakramenten sinnlich erfahren werden will, erschließt sich von daher auch der innere Zusammenhang zwischen der Verkündigung des Wortes Gottes und der Feier der Sakramente. Der ordinierte Priester ist dabei deshalb der Vorsteher bei den sakramentlichen Feiern, weil er sichtbar zu machen hat, daß die sieben Sakramente der Kirche nicht einfach beliebige pastorale Dienstleistungen sind, die dem einzelnen Menschen und seiner individuellen Beliebigkeit und privaten Innerlichkeit anheimgegeben wären. Sie sind vielmehr verdichtete und konkrete Selbstvollzüge der Kirche, mit denen das Evangelium Jesu Christi verkündet und in die konkrete Heilssituation von Menschen hineingesprochen wird. Diesen gemeinschaftlichen, sozialen und kirchlichen Aspekt aller Sakramente gilt es gerade in der heutigen Situation zu betonen, in der die sakramentale Praxis nach wie vor heilsindividualistisch ausgerichtet ist und die ekklesiale Dimension der Sakramente zuwenig zum Tragen kommt.

Damit wird auch verstehbar, daß der priesterliche Vorsitz in der Feier der Eucharistie und die Aufgabe der Gemeindeleitung miteinander verknüpft sind und nie – auch nicht in der heutigen Zeit des stets zunehmenden Priestermangels – voneinander abgekoppelt werden dürfen. Denn Gemeindeleitung ist nicht einfach „Verwaltung dessen, was vorliegt“, sondern „je neue Rückführung des kirchlichen Lebens in der Gemeinde auf den Grund, der nicht mehr in der Gemeinde selbst liegt“[22]. Daß nämlich Christus selbst seine Kirche führt und daß folglich die Kirche von Christus abhängt und in ihm den wahren Bezugspunkt ihrer Einheit hat, dies sichtbar darzustellen, dazu ist der Priester sakramental ordiniert und gesandt. Insofern ist der Priester in Person der ständige und bleibende Verweis darauf, daß die Kirche ihren Grund allein in Jesus Christus selbst hat. Kirche entsteht und besteht letztlich allein dadurch, daß der Auferstandene sich Menschen kommuniziert, in Kommunion mit ihnen tritt und sie zur Kommunion miteinander bringt: „Kirche ist das Kommunizieren des Herrn mit uns, das zugleich das wahre Kommunizieren der Menschen miteinander erschafft.“[23] Daß Kirche im tiefsten um den Altar herum entsteht, wird vor allem deutlich in der Feier der Eucharistie, der der Priester vorsteht. Und die Christus-Repräsentation des sakramentalen Amtes in der Eucharistie ist der sichtbare Ausdruck der kirchlichen Glaubensüberzeugung, daß Christus der Herr der Kirche ist.

Von daher ist der Priester immer wieder herausgefordert, zwischen seiner Person und seinem Amt der Christusrepräsentation sensibel zu unterscheiden. Dies ist zumal heute notwendig, da die Kirche manchmal den Eindruck macht, daß man sich in ihr weniger mit der Botschaft des Evangeliums auseinandersetzt als vielmehr mit jenen Personen, die der Kirche vorstehen und sie leiten. Darin besteht die elementare Gefahr einer rein menschlichen Sicht der Kirche und ihrer Leitung. In dieser rein menschlichen – Paulus redet von „fleischlich gesinnten" – Einschätzung pflegt man sich wie in der Politik und in der Öffentlichkeit auf rein menschliche Autoritäten zu berufen und den sogenannten großen Namen anzuhängen. Dies war freilich, wie aus den Briefen des Paulus ersichtlich ist, bereits in Korinth der Fall, wo diese Namen damals Paulus und Apollos hießen.

Hinter diese offensichtlich schon damals übliche Konzentration auf die menschlichen Personen in der Kirche setzt Paulus aber ein kräftiges Fragezeichen: „Was ist denn Apollos? Und was ist Paulus?", um auf diese Frage sofort die entscheidende Antwort zu geben: Sie sind „Diener, durch die ihr zum Glauben gekommen seid", und zwar „jeder, wie es ihm der Herr gegeben hat": „Ich habe gepflanzt, Apollos hat begossen, Gott aber ließ wachsen. So ist weder der etwas, der pflanzt, noch der, der begießt, sondern nur Gott, der wachsen läßt. Wer pflanzt und wer begießt: beide arbeiten am gleichen Werk, jeder aber erhält seinen besonderen Lohn, je nach der Mühe, die er aufgewendet hat. Denn wir sind Gottes Mitarbeiter, ihr seid Gottes Ackerfeld, Gottes Bau" (1 Kor 3,5-9). Paulus macht damit unmißverständlich deutlich, daß das Wachstum allein von Gott kommt. Priesterlicher Dienst kann deshalb nur im Pflanzen und Begießen bestehen und darin, der ganzen Kirche in Erinnerung zu halten, daß Gott allein wachsen läßt.

Nimmt man diese hellsichtigen Perspektiven des Paulus ernst, dann müßte nicht nur die heute durchschnittliche Pastoral des Erfolgs, von der wir uns insgeheim immer wieder leiten lassen, überdacht und von einer Pastoral des Pflanzens und Begießens abgelöst werden. Es müßte vielmehr auch deutlich im Bewußtsein der Priester präsent sein, daß Gott das Wachstum gibt und daß folglich er der eigentliche „Leiter der Kirche“ ist. Von daher sind wir zu einer Neubesinnung auf den Stil des priesterlichen Dienstes herausgefordert. Die entscheidende Frage wird dabei nur heißen können, wer das eigentliche Subjekt des priesterlichen Wirkens ist: Ist all das, was wir in unserer alltäglichen Arbeit tun, einfach unser Werk und unsere Leistung? Oder sind wir nur die Werkzeuge Jesu Christi, des einen Herrn der Kirche, der uns als „Durchgangsstationen“ für sein Wirken in Dienst nehmen will?

Damit diese zweite Grundhaltung wirklich zum Tragen kommen kann, muß der Priester all das, was er amtlich an Christi statt tut, stets in sein Leben und durch sein Leben übersetzen. In allem, was der Priester als berufener Zeuge dafür, daß Christus in seiner Kirche gegenwärtig ist, tut, muß er deshalb auf den Herrn hin transparent sein, der sich als „Brot für die Welt“ verschenkt. Wenn nämlich die Eucharistie Quelle, Mitte und Höhepunkt des kirchlichen Lebens ist, dann muß sie auch die Lebensmitte des priesterlichen Dienstes sein. Und dieser muß geprägt sein von einer „eucharistischen Lebenskultur“, die Karl Hillenbrand so umschreibt: Die Eucharistie ist „der ‚innerste Punkt‘ im Tagesgeschehen, der das ‚Rad der Zeit‘ zusammenhält, der Bezugspunkt, auf den alles einzelne Tun des Priesters hingeordnet ist und von dem her es erst möglich und sinnvoll wird. Denn sonst drohen Einzelaktivitäten beziehungslos zu werden, indem offizielles Tun und persönliches Handeln auseinanderdriften, weil die Eucharistie als innerster Punkt nicht mehr in dauerhafter Verbindung mit all dem steht, was doch eigentlich erst aus der dort gefeierten Hingabe Jesu heraus möglich wird: Gemeinschaft in den verschiedensten Lebensbereichen.“[24]

5. *In die Nachfolge Christi gerufen*

Als durch und durch eucharistischer Mensch steht der Priester nur dann „würdig und recht“ im Dienst des Auferstandenen, wenn er sich von ihm selbst immer wieder zuvor bedienen läßt – wie die Jünger am See von Tiberias. Jesus gibt den Jüngern Brot und Fisch zu essen und schenkt sich damit selbst. Denn Brot und Fisch versinnbilden Christus, der Fisch geworden und in die Tiefe des Meeres hinabgestiegen ist. Mit seinem ganzen Leben hat er das Zeichen des Jona, sich aufnehmen zu lassen in den Bauch des Fisches, erfüllt. Denn wer Fisch wird, gibt nichts weniger als sich selbst. Und nur wer wie Jesus ebenfalls „Fisch" wird, kann auch Menschenfischer werden. Darin besteht die grundlegende Sendung des Priesters in der Kirche.

Mit der Weihe ist der Priester ganz persönlich in die Nachfolge Jesu Christi gerufen – wie Petrus. Wie das Evangelium sein Finale im Wort des Auferweckten an Petrus findet, so hat auch der priesterliche Dienst sein wahres Ziel erst in der Nachfolge Jesu Christi, und zwar auf das eigene Konto. In dieser Nachfolge wird der Priester nicht selten die Erfahrung machen, die Jesus bereits Petrus prophezeit hat, daß ein anderer ihn gürten und ihn führen wird, „wohin du nicht willst" (Joh 21,18b). In diesem harten Wort wird vollends deutlich, was bereits im Streitgespräch zwischen Petrus und Jesus nach seiner Ankündigung des Leidens angeklungen war, daß nämlich Petrus seinen eigenen Willen abtreten muß und daß nicht mehr er über sich selbst bestimmen kann, daß vielmehr ein anderer ihn gürtet. Damit ist der Ernstfall jener Frage gegeben, die Jesus an Petrus stellt: „Simon, Sohn des Johannes, liebst du mich?"

Darin liegt auch der Ernstfall jener Frage, die der auferstandene Christus heute dem Priester stellt, ob er Christus so liebt, daß er ihm das Weiden seiner Schafe anvertrauen kann. Es ist von daher kein Zufall, daß das Wort des Auferstandenen an Petrus damals und an den Priester heute mit der Zumutung schließt: „Folge mir nach!" (Joh 21,19b). Denn der Kern des Weidens und damit des Hirtendienstes ist die Nachfolge, und zwar auch und gerade „wohin du nicht willst". Denn als Hirten weiden Priester andere nur, wenn sie selbst vorausgehen und ihren Glauben und ihre Liebe zu Christus bezeugen. Sie gehen aber nur dann voraus und vorwärts, wenn sie dem nachfolgen, der ihnen vorausgegangen ist: dem auferstandenen Jesus Christus.

Eines steht jedenfalls fest: Wäre Petrus Jesus nicht nachgefolgt, sondern bei seinem Fischereihandwerk geblieben, dann gäbe es gewiss auch heute noch am See von Tiberias eine Fischereigroßhandlung mit dem Namen „Petrus & Co AG" zu bestaunen, aber es gäbe dann sicher keine Kirche. Kirche ist nur dadurch möglich geworden, daß Petrus nicht auf den *Er-Folg* in der Fischerei gesetzt hat, sondern sich in die *Nach-Folge* Jesu Christi hat rufen lassen. Genauso besteht der Sinn des priesterlichen Dienstes nicht in der Errichtung einer Fischereigroßhandlung. Dann träte die Kirche unwillkürlich in Konkurrenz auf dem heutigen Markt und erwiese sich bald als überflüssig. Durch nichts ersetzbar ist der priesterliche Dienst nur dann, wenn er zur persönlichen Nachfolge Jesu Christi in der Lebenswelt von heute führt. Darin liegen sein eigentliches Ziel und sein schöner Sinn.

Dieser leuchtet aber erst auf, wenn wir bedenken, daß schon Jesus seine Jünger in erster Linie nicht beruft, um sie zu senden, sondern daß sie bei ihm seien: „Jesus stieg auf einen Berg und rief die zu sich, die er erwählt hatte, und sie kamen zu ihm. Und er setzte zwölf ein, die er bei sich haben und die er dann aussenden wollte, damit sie predigten und mit seiner Vollmacht Dämonen austrieben" (Mk 3,13-14). Die erste Berufung könnte man das apostolische Leben der Zwölf mit Jesus – „vita apostolica" – nennen, die zweite Berufung könnte man als apostolische Sendung der Zwölf in die Welt – „missio apostolica" – bezeichnen. Nicht nur gehören beide Berufungen unlösbar zusammen, sondern es gibt auch eine eindeutige Reihenfolge: Die Berufung zur apostolischen Sendung folgt der Berufung zum apostolischen Leben. Ebenso wäre die Berufung zum Mit-Ihm-Sein unterbelichtet oder gar mißverstanden, würde man in ihm nur ein vorläufiges Stadium erblicken, das sehr bald von der definitiven Aussendung abgelöst würde. Das Markusevangelium weist demgegenüber in eine ganz andere Richtung. Jesus sendet die Zwölf zwar aus: „Er rief die Jünger zu sich und sandte sie aus, jeweils zwei zusammen" (Mk 6,7). Aber schon sehr bald kehren die Jünger wieder zu Jesus zurück: „Die Apostel versammelten sich wieder bei Jesus und berichteten ihm alles, was sie getan und gelehrt hatten. Da sagte er zu ihnen: Kommt mit an einen einsamen Ort, wo wir allein sind, und ruht ein wenig aus" (Mk 6,30-31a).

Wenn wir den Aufbau des Markusevangeliums ernst nehmen, dann wäre die Berufung zum Mit-Sein mit Jesus mißverstanden, würde es nur im Sinne einer begrenzten Zeit der Zurüstung zur Sendung verstanden, gleichsam als Grundkurs oder Seminar, nach dem erst dann das Eigentliche käme, nämlich die Zeit, in der die Zwölf als apostolische Einzelkämpfer unterwegs und im Einsatz sind. Es verhält sich vielmehr umgekehrt: Die Sendung der Zwölf spielt im Aufbau des Markusevangeliums keineswegs eine größere, sondern eher eine kleinere Rolle als das unablässige Ringen der Zwölf um das Mit-Sein mit Jesus. Apostolisches Leben und apostolische Sendung sind im Markusevaneglium „nicht zwei einander ablösende Zeitabschnitte, sondern zwei ineinandergreifende Daseinsweisen des Zwölferkreises, von denen die zweite die erste stets voraussetzt"[25].

In den Augen Jesu setzt die Sendung der Zwölf ihr Mit-Sein mit ihm voraus, das einen permanenten Lernprozeß darstellt. Entgegen dieser klaren Prioritätenordnung ist freilich im Laufe der Geschichte bis auf den heutigen Tag immer wieder die Versuchung festzustellen, der apostolischen Sendung den Vorrang vor dem apostolischen Leben einzuräumen. In diesem Sinne wird im Mit-Sein mit Jesus gleichsam nur der Ort und die Zeit der Zurüstung gesehen, damit bald möglichst die Sendung beginnen kann. Diese Prioritätensetzung zeigt sich in der Kirchengeschichte darin, daß das apostolische Amt der Sendung nie gefehlt hat, daß aber das apostolische Leben in ihr immer wieder und immer mehr zurückgetreten ist oder einfach als Spezialität den Orden und Geistlichen Kommunitäten zugewiesen worden ist. Doch genau in dieser Fehlentwicklung erblickt *Gerhard Lohfink* die tiefste Wurzel der gegenwärtigen Krise im kirchlichen Leben: „Daß die Kirche heute noch lebt, verdankt sie dem apostolischen Amt. Daß sie lebend dahinkränkelt, hat im Schwinden des apostolischen Lebens seine Ursache."[26]

Diese schonungslose Diagnose ist Grund genug, unsere ganze Aufmerksamkeit auf das Mit-Sein auch und gerade des Priesters heute mit Jesus, auf die vita apostolica, hin zu konzentrieren. Denn in der nachösterlichen Situation ist dieses Mit-Sein mit Jesus, nun freilich mit dem Auferstandenen und in der Kraft seines Geistes gegenwärtigen Christus, keineswegs weniger wichtig geworden. Auf jeden Fall ist auch für den Priester die vita apostolica die unerläßliche Voraussetzung für eine fruchtbare missio apostolica. Denn der Priester kann nur dann den Weg Jesu Christi zu den Menschen heute mitgehen und ihn hilfreich begleiten, wenn er selbst zunächst mit Dem lebt, Der lebt. Solche vita apostolica ist notwendig, damit der Auferstandene auch beim Priester heute wie bei den Jüngern am See Tiberias die Augen aufgehen lassen kann, so daß er wie der Jünger, den Jesus liebte, erkennt und voll Freude bekennt: „Es ist der Herr!"

In dieser christologischen Erkenntnis und Anerkenntnis liegt die Mitte und zugleich das Ziel der priesterlichen Weggefährtenschaft in einer durch und durch österlichen Perspektive, die sich immer wieder aus der Eucharistie nährt, worauf Kardinal *Joseph Ratzinger* mit Recht hinweist: „Die Eucharistie ist dazu da, uns das Leben zu lehren. Die Schule der Eucharistie ist die Schule des rechten Lebens; sie führt uns bei dem in die Lehre, der allein von sich sagen durfte: Ich bin der Weg, die Wahrheit und das Leben (Joh 14,6). Der erschreckende Auftrag der Eucharistie besteht darin, daß der Priester mit dem Ich Christi sprechen darf. Priester werden und Priester sein ist immerfort ein Zugehen auf diese Identifikation. Damit werden wir nie fertig, aber wenn wir sie suchen, sind wir auf dem rechten Weg: auf dem Weg zu Gott und zum Menschen, auf dem Weg der Liebe."[27]

III. Prophetisch-marianische Dimensionen des Priesters

In dieser eucharistischen Weggefährtenschaft scheint die wahrhaft prophetische Dimension des priesterlichen Dienstes auf, der die diesjährige Priestertagung besondere Aufmerksamkeit schenken will. Dazu ist es freilich notwendig, diese prophetische Dimension an der biblischen Sicht des Propheten zu orientieren und sie vom heute gängigen Bild eines Propheten zu unterscheiden. Dann wird deutlich, daß in der biblischen Sicht ein Prophet erstens nicht einfach ein Wahrsager ist und daß seine Hauptaufgabe nicht darin besteht, zukünftige Ereignisse anzukündigen. Ein Prophet ist zweitens auch kein Apokalyptiker, der im wesentlichen die letzten Dinge beschreibt. Und ein Prophet ist drittens auch nicht einfach ein professioneller Kritiker von kirchlichen Institutionen. Der heute viel beschworene Gegensatz von Propheten und Gesetz entspricht viel mehr kirchenkritischen Wunschträumen als der Sinnrichtung des Alten Testamentes. Wiewohl der Prophet berufen ist, gegen das stets drohende Mißverständnis und den Mißbrauch des Wortes Gottes und der kirchlichen Institution den lebendigen Anspruch des Wortes Gottes präsent zu halten, ist er dennoch nicht der Gegenpol zum Gesetz. Daß diese heute so eingängige Antithese nicht zutrifft, ist im Alten Testament bereits daran ablesbar, daß am Ende des Deuteronomium kein anderer als Prophet bezeichnet wird als der Gesetzgeber Mose. Denn der Abschluß der fünf Bücher des Mose hält fest: „Niemals wieder ist in Israel ein Prophet wie Mose aufgetreten. Ihn hat der Herr Aug in Aug berufen“ (34,10).

Mose wird hier nicht nur als ein Prophet bezeichnet, sondern es wird auch deutlich angegeben, worin die prophetische Ader in seinem Leben bestanden hat: Der Herr hat ihn „Aug in Aug berufen“. Damit ist das wesentliche Kennzeichen des Propheten benannt. Ein Prophet ist ein Mensch, der mit Gott so vertraut redet, wie ein Freund mit einem Freund spricht. Und aus dieser direkten Begegnung mit Gott kann er dann in seine Zeit hinein reden. Ein Prophet ist deshalb ein Mensch, „der aus der Berührung mit Gott die Wahrheit sagt, und zwar die Wahrheit für heute, so daß sie freilich auch die Zukunft erhellt"[28]. Der Kern und die Wurzel des Prophetischen liegen genau in diesem „Aug in Aug mit Gott", um aus diesem vertrauten Umgang mit Gott die Wahrheit Gottes in der jeweiligen Stunde präsent zu machen und zugleich den Weg zu weisen.

Es ist von daher kein Zufall, daß die Kirchenväter die mosaische Prophetie am Ende des Deuteronomium als eine Verheißung Jesu Christi gedeutet haben. In der Tat offenbart sich Jesus Christus als der eigentliche und als der größere Mose. Weil er der Sohn ist, lebt er vollends „Aug in Aug" mit Gott, den er auf intim-zärtliche Weise „abba" nennt, und will er auch uns Menschen in diese intime Gottesbeziehung hineinnehmen. Christus ist der wahre und endgültige Mose, der „Aug in Aug" mit Gott lebt als der Sohn, der nun freilich nicht mehr – wie Mose – die Menschen allein durch Wort und Gesetz zu Gott führt, sondern der die Menschen durch sich selbst zu Gott trägt mit seinem eigenen Leben und Leiden. Oder mit anderen Worten: Jesus Christus ist der wahre und endgültige Prophet.

Diese prophetischen Eigenschaften kennzeichnen aber auch Maria, jene glaubensstarke Frau, die für das Wirken Gottes selbst zur lebendigen Wohnung geworden ist. Von daher ist es wiederum kein Zufall, daß die Kirchenväter das Prophetische in der Kirche vor allem in Maria wahrgenommen haben. Sie haben in Maria so sehr den Urtyp der christlichen Propheten und Prophetinnen gesehen, daß das Prophetische und das Marianische in der Kirche geradezu identisch sind.

Je marianischer auch und gerade Priester sind, desto prophetischer werden sie werden, und zwar im ursprünglichen Sinn, daß sie „Aug in Aug" mit Gott leben und gleichsam mit ihm verkehren wie Freund zu Freund. Priester müssen deshalb in besonderer Weise darum besorgt sein, daß in der Kirche das Prophetische lebendig bleibt. Und sie sind vor allem berufen, ihren Beitrag dazu zu leisten, daß die Kirche stets marianisch-prophetischer wird: „Aug in Aug" mit dem lebendigen Gott und deshalb engagiert für die Wahrheit Gottes in der heutigen Zeit.

In solchem prophetisch-marianischen Geist befinden sich die Priester gewiß auf einer guten Weggefährtenschaft mit dem Auferstandenen. Denn Leben mit Dem, Der lebt, ist nur in jener prophetisch-marianischen Grundhaltung möglich, die Erzbischof Johannes Joachim Degenhardt gerne mit dem biblischen Wort von der Freiheit der Kinder Gottes umschreibt, die er österlich fundiert und in der Eucharistie verdichtet sieht: „Wenn wir die heilige Eucharistie voll mitfeiern, sehen wir wie in einem Spiegel das, was wir von Angesicht zu Angesicht schauen werden, und wir akzeptieren in der Nachfolge Jesu die Last des Lebens, die aus der Eucharistie und der Hoffnung auf die Auferstehung entspringt. Eine solche Hoffnung gibt der Freiheit einen ganz besonderen Charakter: Sie lehrt Geduld, Beständigkeit, Opfer und Opferbereitschaft; sie lehrt, daß Christus der Auferstandene die Quelle und das Maß der vollen Freiheit ist."[29] Erzbischof Degenhardt seien denn auch die vorstehenden Überlegungen zu seinem 75. Geburtstag am 31. Januar 2001 in Dankbarkeit für sein überzeugendes bischöfliches Wirken und für sein damit verbundenes österliches Glaubenszeugnis – „Surrexit dominus vere" – und in mitbrüderlicher Verbundenheit herzlich gewidmet.

1 Vgl. W. Pannenberg, Mythos und Dogma im Weihnachtsfest, in: W. Haug und R. Warning (Hrsg.), Das Fest = Poetik und Hermeneutik XIV (München 1989) 53-63.

2 Vgl. K. Koch, Jenseitsvertröstung oder Jenseitsverdrängung? Theologischer Zwischenruf in das heutige Schweigen über das ewige Leben, in: ders., Konfrontation oder Dialog? Brennpunkte heutiger Glaubensverkündigung (Freiburg/Schweiz – Graz 1996) 96-104.

3 G. Greshake, Priester sein in dieser Zeit. Theologie – Pastorale Praxis – Spiritualität (Freiburg i. Br. 2000) 69.

4 M. Kunzler, Leben in Christus. Eine Laienliturgik zur Einführung in die Mysterien des Gottesdienstes (Paderborn 1999) 119.

5 Vgl. K. Koch, Ist die Liturgie der Kirche „nur" ein Theater? Theologische Skizzen zu einem vernachlässigten Thema, in: ders., Kirche im Dialog zwischen Realität und Vision (Graz 1995) 43-55.

6 Vgl. W. Kasper, Einzigkeit und Universalität Jesu Christi, in: K. Krämer und A. Paus (Hrsg.), Die Weite des Mysteriums. Christliche Identität im Dialog. Für Horst Bürkle (Freiburg i. Br. 2000) 146-157.

[7] J. Ratzinger, „Einführung in das Christentum" – gestern, heute, morgen. Vorwort zur Neuausgabe 2000 von „Einführung in das Christentum" (München 2000) 9-26, zit. 26.

[8] Presbyterorum Ordinis, Nr. 4.

[9] Augustinus, Sermo 393, 1-3 = PL 38, 1327f.

[10] Presbyterorum ordinis, Nr. 4.

[11] J. Cardinal Ratzinger, Perspektiven der Priesterausbildung heute, in: J. Cardinal Ratzinger, Bischof Paul-Werner Scheele u.a., Unser Auftrag. Besinnung auf den priesterlichen Dienst (Würzburg 1990) 11-38, zit. 25.

[12] J. Ratzinger, Dienst und Leben der Priester, in: M. Brun und W. Schneemelcher (Hrsg.), Eucharisteria. Festschrift für Damaskinos Papandreou. Metropolit der Schweiz (Athen 1996) 125-137, zit. 135.

[13] K. Barth, Not und Verheißung der christlichen Verkündigung, in: J. Moltmann (Hrsg.), Anfänge der dialektischen Theologie I (München 1967) 199.

[14] Vgl. F. Kamphaus, Gott erleben. Zur Identität des Priesters, in: R. Liggenstorfer und B. Muth-Oelschner (Hrsg.), (K)Ein Koch-Buch. Anleitungen und Rezepte für eine Kirche der Hoffnung. Festschrift zum 50. Geburtstag von Bischof Dr. Kurt Koch (Freiburg/Schweiz 2000) 134-145.

[15] Vgl. K. Koch, Amtszuständigkeit für Sakramente – und die PastoralassistentInnen, in: P. M. Zulehner, H. Auf der Maur, J. Weismayer (Hrsg.), Zeichen des Lebens. Sakramente im Leben der Kirchen – Rituale im Leben der Menschen (Ostfildern 2000) 199-222.

[16] E.-M. Faber, Kirche – Gottes Weg und die Träume der Menschen (Würzburg 1994) 93.

[17] E.-M. Faber, Zur Frage nach dem Berufsprofil der Pastoralreferent(inn)en, in: Pastoralblatt für die Diözesen Aachen, Berlin, Essen, Hamburg, Hildesheim, Köln, Osnabrück 51 (1999) 110-119, zit. 114.

[18] Das geistliche Amt in der Kirche. Hrsg. von der Gemeinsamen römisch-katholischen/evangelisch-lutherischen Kommission (Paderborn – Frankfurt a. M. 1981), Art. 20.

[19] G. Greshake, a.a.O. (vgl. Anm. 4) 133.

[20] Augustinus, Sermo 340, 1 = PL 38, 1483.

[21] Vgl. H. Mondschein, Bischof Hugo Aufderbeck. Lebenszeugnis (Heiligenstadt 1996).

[22] E.-M. Faber, Zur Frage nach dem Berufsprofil der Pastoralreferent(innen), in: Pastoralblatt für die Diözesen Aachen, Berlin, Essen, Hamburg, Hildesheim, Köln, Osnabrück 51 (1999) 110-119, zit. 114.

[23] J. Kardinal Ratzinger, Vom Wiederauffinden der Mitte. Grundorientierungen (Freiburg i. Br. 1997) 35.

[24] K. Hillenbrand, Die Liebe Christi drängt uns. Gedanken zum Dienst des Priesters (Würzburg 1992) 62.

[25] G. Lohfink, Braucht Gott die Kirche? Zur Theologie des Volkes Gottes (Freiburg i. Br. 1998) 220.

[26] Ebda. 218-219.

[27] J. Cardinal Ratzinger, Perspektiven der Priesterausbildung heute, in: ders., Bischof P.-W. Scheele u.a., Unser Auftrag. Besinnung auf den priesterlichen Dienst (Würzburg 1990) 11-38, zit. 37.

[28] Das Problem der christlichen Prophetie. Niels Christian Hvidt im Gespräch mit Joseph Kardinal Ratzinger, in: Internationale katholische Zeitschrift Communio 28 (1999) 177-188, zit. 178.

[29] J. J. Degenhardt, Freiheit der Kinder Gottes, in: K. Hillenbrand / H. Niederschlag (Hrsg.), Glaube und Gemeinschaft. Festschrift für Bischof Paul-Werner Scheele zum 25jährigen Konsekrationsjubiläum (Würzburg 2000) 242-252, zit. 245.

Herausgeber und Autoren

- Averkamp, Ludwig, Dr. theol., ist der Erzbischof von Hamburg.
- P. Haite, Dieter, OSB, ist Superior der Cella St. Benedikt in Hannover.
- Jacobs, Christoph, Dr. theol., ist Klinischer Psychologe und Pastoralpsychologe in der Priesterbegleitung und -fortbildung der Erzdiözese Paderborn.
- Klasvogt, Peter, Dr. theol., ist Regens des Erzbischöflichen Priesterseminars Paderborn.
- Koch, Kurt, Dr. theol., ist der Bischof von Basel-Solothurn.
- Schwerdtfeger, Nikolaus, Dr. theol., ist Weihbischof in Hildesheim.
- Söding, Thomas, Dr. theol., ist Professor für Biblische Theologie am Fachbereich 2: Geschichte, Philosophie und Theologie der Universität-Gesamthochschule Wuppertal.
- Zelinka, Udo, Dr. theol., ist Direktor der Katholischen Akademie Schwerte.

Priesterbild und priesterliche Identität in einer gewandelten Welt

Reinhard Marx / Peter Schallenberg (Hg.)

„Ihr seid der Brief Christi"

Priestersein im Zeugnis von Ignatius von Loyola, Therese von Lisieux, Johannes XXIII. und Romano Guardini

BONIFATIUS / Kontur 1025
128 Seiten.
ISBN 3-89710-102-5

Wie kann das Priesterbild der Zukunft aussehen? Welche Hinweise gibt die katholische Tradition? Die Priesterinitiative „Johannes XXIII." von Paderborner Priestern befasste sich bei einem ihrer letzten Treffen mit dem katholischen Priesterbild und Fragen priesterlicher Identität in einer gewandelten Welt. Vier Vorträge, die hier im Druck vorliegen, betrachten unterschiedliche Priesterbilder bei Ignatius von Loyola, Theresia von Lisieux, Johannes XXIII. und Romano Guardini. Die Herausgeber ergänzen die Priesterbilder mit einer historischen Einordnung und Ausblicken in die Zukunft. Alle Überlegungen kreisen um das Zueinander von Priestertum und Taufe sowie um den besonderen Dienst des Priesters im Aufbau des Leibes Christi, der Kirche. Äußere Formen des Priestertums können sich ändern, das Wesen aber bleibt immer der Dienst in der Nachfolge Christi.

Im Buchhandel erhältlich!

BONIFATIUS
Druck · Buch · Verlag